李國勝校注

王昌齡詩校注

文史哲學集成

文史哲出版社印行

王昌齡詩校注 /李國勝校注. -- 初版 -- 臺北市：
文史哲, 民 62.10
頁; 21 公分（文史哲學集成;75）
ISBN 978-957-547-283-2（平裝）

831.4

文史哲學集成 75

王昌齡詩校注

校注者：李國勝
出版者：文史哲出版社
http:// www.lapen.com.tw
e-mail：lapen@ms74.hinet.net
登記證字號：行政院新聞局版臺業字五三三七號
發行人：彭正雄
發行所：文史哲出版社
印刷者：文史哲出版社
臺北市羅斯福路一段七十二巷四號
郵政劃撥帳號：一六一八〇一七五
電話886-2-23511028・傳真886-2-23965656

實價新臺幣四〇〇元

一九七三年（民國六十二）十月初版

ISBN 978-957-547-283-2 00075

王昌齡詩校注序

夫日月迭代，亙百世以下，物之損益存絶者，其變亦大矣。故典籍三千，而散佚訛誤者非一，天祿石渠，不能免竹素於斷爛，蘭臺金匱，何足傳簡編於不朽。則郭公夏五，別風淮雨，其闕謬者必待考信而後正也。而人文興革，代有好尚，語言遷異，文字遞更，時地旣殊，其不可卽目而知者，亦多矣。矧先哲述作，或徵典按故，或蓄情晦意，幽微起伏，輒不可解，是則非注疏無以通其旨也。故秦火以後，而漢訓詁之學興，匡字正句，審篇較牘，必精爲校注而後舊籍乃得以確存焉，厥功蓋亦偉矣。

顧校注之業，信非易擧，蓋年代悠遠，轉手抄傳，鋟版散失，或零語殘句，漫無可徵，則考校之事難矣。而以今稽古，殊費斷決。鄭箋不作，則風人之意晦，故注疏之事亦難矣。今吾友李君國勝詳爲王昌齡詩校注，吾知其必有難爲者。

詩歌萌發於風騷，漢魏以還，諸體漸備，逮李唐繼作，乃造顚極。而其間詩家雲起，振藻揚聲，漱喉競唱，止有唐數百年間，殆人人並有佳構傳焉。而龍標之作，則其中之犖犖尤著者也。其人豪宕有節俠之氣，不護細行，雖舉進士，而位不過郎尉。然詩則緖密思清，風骨頗類曹劉，古體多雄直，與東川並爲時傑，至其七絕，則足與太白差肩也。金殿奉帚，風雅之旨微；漢關秦月，邊塞之怨深。其語清超，其韻天成，王漁洋譽之爲神品，不亦宜乎？

李君於龍標詩，非唯好之者，抑亦研之者也。抱牘詠歎，咀嚼其華，每推究其人之意，無不深得焉。今爲之校注，宜乎其綽有餘裕也。況李君謙冲好學，旁通博涉，本末精粗，無不該備，兼又能詩，以詩人而會詩人之意，固當得其神情而合其莫也。君丐序於余，余觀其書，知其人，故樂爲之序。

中華民國六十二年歲次癸丑孟夏

張夢機　序於師橘堂

自序

有唐盛世，歌詩由於樂府之演變，七言絶句，管絃之聲，被於天下。其間英彥輩起，以李白、王昌齡最爲傑出。所作絶句，冠絶千古。終唐之世，無能陵駕其上者。王弇州云：「七言絶句，少伯與太白爭勝毫釐，俱是神品。」吳喬云：「王龍標七絶，如八股之王濟之也。起承轉合之法，自此而定，是爲唐體，後人無不宗之。」而昌齡獨號爲詩家天子，觀其所作，豈惟思清緒密，意旨微茫。實乃機神警絶，華實兼賅。至其上承六代之餘風，下闢三唐之勝境。規模手創，鑪捶程功。固足領袖羣倫，雍容南面已。

商璠云：「元嘉以還，四百年内，曹劉陸謝，風骨頓盡，昌齡克嗣其跡。……」並舉其五言古詩數十句，以爲中興高作。吳喬亦云：「王昌齡五古，或幽秀，或豪邁，或慘惻，或曠達，或剛正，或飄逸，不可物色。」因知昌齡之所擅，又不惟七絶而已也。

然昌齡以才名飛動，所作寄意高澹，隱爲忠君憂國之思，難以見容當世。卒爲忌者排擯，宦途淪落，不克令終。生前見嫉時人，身後更遭貶抑。余旣深玩其詩，想見其人。遂加校注，冀昭其風操於萬一焉。

是書之作，分本集、補遺及集評三部分。本集錄自明正德己卯年勾吳袁翼刊本，計三卷一册，一百三十一首。另補遺六十首，則大體錄自全唐詩、文苑英華、文鏡秘府論暨博異志。因前後詳爲校訂補注，都一百九十一首。諸家評騭凡不特定爲某詩者，則總收集評。至於本集詩目次序，則依詩體稍有更置，而每首之後，並分爲校、注、箋三部分。有則隨詩附下，無則從略。昔裴松之注陳志，王叔師箋楚辭。幷追虛寫實，旁徵博引。余頗竊慕其義，而以學識譾陋，成書倉卒。雖自慙螢爝之光，猶賢博塞之好。然挂漏訛愆，諒所難免。尚祈博雅先進，有以教之。

成書之際，承黃主任永武、胡師自逢暨聞師汝賢費心指導斧正，謹表衷心謝意。

中華民國六十一年歲次壬子孟春

李國勝 識于省立高雄師範學院國文系

凡例

一、本書以明正德己卯十四年勾吳袁翼刊本王昌齡詩集爲底本，計一百三十一首。至於詩目次序，則依詩體稍有更置。

二、本書補遺大體錄自全唐詩、文苑英華、文鏡秘府論暨博異志，計六十首。

三、本書之輔助校本，計有宋刻善本唐文粹、明黃貫曾編嘉靖浮玉山房刊本（簡稱黃氏本）、明朱警重編嘉靖間刊本（簡稱朱氏本）、明高棅編唐詩品彙（簡稱品彙）、宋計敏夫撰嘉靖刊本唐詩紀事（簡稱紀事）、明張之象輯毛晉補訂唐詩類苑（簡稱類苑）、明君山堂本唐詩歸（簡稱唐詩歸）、明黃德水吳琯等編萬曆吳氏校刊唐詩紀（簡稱詩紀）、明新安汪宗尼校刊本國秀集（簡稱汪氏本國秀集）、明覆刊宋書棚本國秀集（簡稱書棚本國秀集）、四部叢刊縮印江南圖書館明刊本國秀集（簡稱四部縮印明刊國秀集）、明萬曆吳興沈春澤刊本才調集（簡稱沈氏本才調集）、四部叢刊縮印德化李氏藏述古堂影宋本才調集（簡稱四部縮印影宋本才調集）、四部叢刊河嶽英靈集秀水沈氏翻宋本（簡稱四部縮印河嶽英靈沈氏本）、明姑蘇徐焴刊本唐文粹（簡稱徐氏本唐文粹）、文苑英華、殿本全唐詩等，餘見書後主要參考書目。

四、本書於每首詩之後分爲校、注、箋三部分，有則隨詩附下，無則從略。

五、本書本集部分，凡每首詩中原刊本有注作一作某者，因已見於詩後校中，爲免重複，均予省略。至於補遺部分，以校本難求，仍存原貌。

六、詩集之後，附有集評。凡諸家評騭不特定爲某詩者，則總收集評。

七、本書注解，力求詳盡；俾能參透原詩旨趣，反映作者眞性情。

八、箋釋之學，自古云難。本書箋注雖力求完備，然於所不知，蓋闕如也。

九、本書付梓，歷時倉促。挂漏訛愆，諒所難免。敬祈博雅先進，有以正之。

王昌齡傳略

王昌齡字少伯，唐京兆人，生於武后聖曆元年（六九八）。開元十五年丁卯（七二七）登李嶷榜進士第。授汜水尉。越四年（七三一），年三十八，以「公孫宏開東閣賦」中宏詞科。遷校書郎。開元二十二年（七三四）在長安，與王維兄弟及裴迪同遊青龍寺，賦詩訂交。時維年三十七，昌齡年四十一歲。開元二十六年（七三八），年四十五歲時，一度被謫嶺南。途中嘗訪浩然於襄陽，浩然有「送王昌齡之嶺南」詩。空同卽據詩有「數年同筆硯」句斷王、孟爲同學。而今人譚優學亦以昌齡「出郴山口至疊石灣野人室中寄張十一」詩，中有「郴土羣山高，耆老如中州。」句以證之。則嶺南之行，正史紀傳或從略不備耳。二十八年，從嶺南放還，再訪浩然於襄陽。據孟浩然集王士源序，當時「浩然疾疹發背，且愈，相得歡甚，浪情宴謔。食鮮疾動，終於治城南園，年五十有二。」

天寶元年壬午（七四二），年四十九，貶江寧丞。二年癸未（七四三）出爲江寧丞。王維、李頎、綦毋潛相送白馬寺，岑參亦作「王大昌齡赴江寧」詩送之，晚節不護細行，天寶七年（七四八）被貶龍標尉，李白有「聞王昌齡左遷龍標遙有此寄」詩。天寶末，以世亂還鄉里，於肅宗至德二年丁酉（七五七）爲刺史閭丘曉所忌被殺。年六十歲。

時張鎬兼河南節度使，持節都統淮南等道諸軍事。旣發，會張巡宋州圍急，倍道兼進，傳檄濠州刺史閭丘曉引兵出救。曉素愎戾，馭下少恩，好獨任己。及鎬信至，略無禀命。又慮兵敗禍及於己，遂逗遛不進。鎬至淮口，宋州已陷。鎬怒曉，將戮之。辭曰：「有親，乞貸餘命。」鎬曰：「王昌齡之親，欲與誰養？」曉大慚沮，遂杖殺之。

昌齡工詩，緒密而思清，爲中興名家，與儲光羲相埒而稍聲峻，多遠調。其絕句深情幽怨，意旨微茫，尤推獨步。致有詩天子之雅譽，時謂王江寧云。與文士王之渙、辛漸交友至深，皆出模範，其名重如此。嘗述作詩格律境思體例共十四篇，爲詩格一卷，又詩中密旨一卷，及古樂府解題一卷。有詩集五卷。今全唐詩編詩四卷。另據全唐文載昌齡上李侍郎書言「常在暇日，著鑒略五篇，以究知人之道。」云。

觀昌齡詩作，頗見對佛、道二家思想之熱中追求，以求脫釋其精神上之苦悶。此不僅緣其本身之遭遇蹇阨，實亦八世紀時文士在思想上之共同趨向所致。

宋葛立方韻語陽秋論昌齡云：「觀王昌齡詩，仕進之心，可謂切矣。……至於沙苑渡之作，乃有『孤舟未得濟，入夢在何年。』之句，是以傳說自期也，一何愚哉？……昌齡未第時，岑參贈之詩曰：『潛虯且深蟠，黃鶴舉未晚。』……後昌齡以世亂還鄉，爲閭丘曉所殺。則所謂黃鶴者，竟不能高舉矣。」昌齡「不護細行」，新舊唐書皆有是言。大率年少負才，情懷奔放，坐此爲累。然大醇小疵，固不足爲罪。至韻語陽秋所斥，以傳說自期爲愚，則「自比管樂」與「許身稷契」，不皆爲詬病耶？閭丘曉於亂時擁兵自恣，擅殺文人，宜黃祖之不若。張鎬致戮，語及昌齡，隱爲昭雪，自足稍慰不平。而立方黃鶴云云，其辭反於昌齡，若有深憾，意近刻薄，實有未喻。立方之書，稱爲陽秋，以辨別風旨爲主，若是則自爲背戾矣！

另按唐詩紀事卷二十四引商璠云：「予嘗覩昌齡齋心詩、弔軹道賦。謂其人孤潔恬澹，與物無傷。晚節謗議沸騰，言行相背。及淪落竄謫，竟未減才名。固知善毀者，不能掩西施之美也。」王世貞藝苑巵言亦云：「雲溪友議稱章仇劍南爲陳拾遺雪獄，高適侍御爲王江寧申寃，此事殊快人，足立藝林一幟，但不見正史及他書耳。」則於昌齡之遇，深致慨歎。蓋自具識見，與流俗不同，非盡尋常迴護之辭也。

目錄

王昌齡詩校注

（據明正德己卯年勾吳袁翼刊本王昌齡詩集三卷）

鄭縣陶太公館中贈馮六元二

儒有輕王侯。脫略當世擧。本家藍溪下。非爲漁弋故。無何困躬耕。且欲馳水路。幽居與君近。出谷同所務。昨日辭石門。五年變秋露。雲龍未相感。干謁亦已屢。子爲黃綬羈。余忝蓬山顧。京門望西岳。百里見郊樹。飛雨祠上來。靄然關中暮。驅車鄭城宿。秉燭論往素。山月出華陰。開此河渚霧。清光比故人。豁達展心晤。馮公尚戢翼。元子仍跼步。拂衣易爲高。論迹難有趣。張范善終始。吾等豈不慕。罷酒當涼風。屈伸備冥數。

【校】

△鄭縣陶太公館中贈馮六元二　唐詩品彙（以下簡稱品彙）作鄭縣宿陶大公館贈馮六元二。全唐詩、明黃德水吳琯等編萬曆吳氏校刊本唐詩紀（簡稱詩紀）、唐賢三昧集（簡稱三昧集）、唐詩紀事（簡稱紀事）並作鄭縣宿陶太公館中贈馮六元二。

△王侯　黃貫曾浮玉山房刊本（簡稱黃氏本）、朱警重編嘉靖間刊本（簡稱朱氏本）並同，紀事作

侯王。

△舉　品彙、四部叢刊河嶽英靈集秀水沈氏翻宋本（簡稱四部縮印河嶽英靈沈氏本）、三昧集並作務。紀事作譽。詩紀、全唐詩並作務注云一作譽。

△藍溪下　品彙作藍田中。三昧集作藍田下。詩紀、全唐詩並作藍田下注云一作谿中。

△漁　紀事作魚。

△無何　四部縮印河嶽英靈沈氏本何作才。全唐詩同注云一作才。

△水路　沈氏本、全唐詩、詩紀、品彙、紀事、三昧集、水並作永。

△務　三昧集作騖。沈氏本作鶩。詩紀、全唐詩並作騖注云一作務。

△辭　黃本、品彙、紀事、沈氏本、詩紀、全唐詩、三昧集並作辭。

△屢　品彙作屨。

△忝　詩紀作添。

△顧　品彙作頋。

△岳　全唐詩、三昧集並作嶽。

△祠上　詩紀、全唐詩並同注云一作下。

△晤　沈氏本、品彙、並作悟。

△踽　詩紀作偊。

△拂衣易爲高，論迹難有趣　三昧集脫此二句。紀事論作淪。詩紀、全唐詩並作淪跡。品彙、紀事迹並作跡。

△終始　品彙作始終。

△備　品彙作俻。

【注】

△鄭縣　故城在今陝西華縣北。

△公館　本指公宮之舍與離宮別館，今謂官吏之寓所曰公館。

△脫略　任性不受拘束也。晉書謝尙傳：「脫略細行，不爲流俗之事。」文選江淹恨賦：「脫略公卿，跌宕文史。」

△藍溪　亦名藍水、源出陝西省藍田縣東藍田谷，西流經藍關、藍橋，過王順山下，西北流入灞水。

△躬耕　親自耕田也。三國志魏志田疇傳：「躬耕以養父母。」文選諸葛亮出師表：「臣本布衣，躬耕於南陽。」

△幽居　隱居也。禮記儒行：「儒有博學而不窮，篤行而不倦，幽居而不淫，上通而不困。」

△石門　故治在今陝西涇陽縣北。

△雲龍　乘雲昇天之龍也。謂天子或王侯英雄也。文選班固東都賦：「供帳置乎雲龍之庭，陳百僚

而贊羣后。」

△干謁　以私情求請也。北史酈道元傳：「好以榮利干謁。」

△黃綬　黃色之印綬。漢書百官志：「比二百石以上，皆銅印黃綬。」又王莽傳：「公卿以下至郡縣黃綬，皆保養軍馬。」陳子昂贈盧陳子詩：「奈何蒼生望，卒爲黃綬欺。」

△蓬山　卽蓬萊山，海中仙山名，亦作蓬壺。漢書郊祀志：「使人入海求蓬萊、方丈、瀛洲，此三神山者，其傳在勃海中。」按列子湯問：「勃海之東有五山，五曰蓬萊。」

△西岳　在陝西省華陰縣南，亦曰太華山，世以爲五嶽中之西嶽。爾雅釋山：「華山爲西嶽。」

△祠　神祠也。漢書陳勝傳：「又間令廣之次所旁叢祠中。」又廟也，如祠堂、宗祠。

△靄然　集韻：「靄，雲霧皃。」

△關中　今陝西省之地，別稱關中。讀史方輿紀要陝西：「秦孝公徙都之，謂之秦川，亦曰關中。」注：「按潘岳關中記：『東自函關，西至隴關；二關之間，謂之關中。』徐廣曰：『東函谷，南武關，西散關，北蕭關，地居四關之中，亦曰四塞。』」

△秉燭　文選古詩十九首：「晝短苦夜長，何不秉燭遊。」按秉，執持也。

△華陰　在今陝西省潼關縣西。地在華山之北故名。

△清光　清明之月光也。江淹望荊山詩：「寒郊無留影，秋日縣清光。」

△戢翼　歛羽也。詩小雅鴛鴦：「鴛鴦在梁，戢其左翼。」箋：「歛其左翼，以右翼掩之。」又庾

信皇度歌辭：「無時猶戢翼，有道故韜光。」此用為退隱之喻。

△跼步　跼巨欲切，音局，同局，曲也。跼步，戒愼恐懼貌。詩小雅正月：「謂天蓋高，不敢不局；謂地蓋厚，不敢不蹐。」傳：「局，曲也；蹐，累足也。」釋文：「局，本又作跼。」陳奐傳疏：「跼卽局之俗字。」按曲者，傴僂其身也。薛綜注文選東京賦引此詩，訓局為傴僂，與訓曲同；傴僂及累足，皆為戒愼恐懼之貌。

△拂衣　謂振衣也。漢書楊惲傳：「拂衣而喜，奮袖低昂。」按國語晉語：「拂衣從之。」注：「拂，褰也。」是以拂衣為褰衣（褰與襃通）也；實亦振衣之意。凡人欲起行，必先振其衣也。文選謝靈運述祖德詩：「高揖七州外，拂衣五湖裏。」良注：「言辭七州之命，隱於五湖。」此謂振衣而去隱於五湖也。

△張范　謂東漢范式與張劭也。文選劉峻廣絕交論：「范、張款款於下泉。」按式與劭，交誼至篤，有死友之目。後世言交友者，常舉范張以為況。

△冥數　幽冥之曆數也。人所難以測知之運命。文選江淹雜體劉太尉傷亂詩：「時哉苟有會，治亂惟冥數。」注：「善曰：冥幽冥也，數曆數也。」

香積寺禮拜萬迴平等二聖僧塔

眞無御北來。昔有乘花歸。如彼雙塔內。孰能知是非。愚也駭蒼生。聖哉為帝師。當為時世出。不由天地資。萬廻至此方。平等性無違。今我一禮心。億刧同不移。肅肅松柏下。諸天來有時。

【校】

△禮拜　文苑英華作禮。

△廻　唐詩選作迴。

△眞無　文苑英華眞作俱。

△北　詩紀、唐詩歸、唐詩選、文苑英華並作化。全唐詩作化注云一作北。

△昔　詩紀、唐詩歸、唐詩選、文苑英華並作借。全唐詩作借注云一作昔。

△花　詩紀、唐詩歸、唐詩選、文苑英華並作化。全唐詩作化注云一作花。

△當爲時世出　文苑英華作當時特世出。

△至　文苑英華、唐詩歸、唐詩選並作主。詩紀、全唐詩並作主注云一作至。

△蕭蕭　文苑英華作蕭蕭。

【注】

△香積寺　佛寺名，在今陝西西安市南。齊李龍建所創。維摩詰經香積品：「有國名衆香，佛號香積。」

△禮拜　向神致敬也。梵語那謨悉羯羅亦譯爲禮拜。月上女經：「維摩詰之女，容姿端正，人爭求婚，月上女乃會合大衆，凌空說法，大衆咸息婬念，禮拜而去。」

△時世　時代也。漢書叔孫通傳：「因時世人情，爲之節文者也。」

△萬廻　爲生於唐中宗時代（六八四——七一〇）之高僧。指月錄：「萬廻法雲公，虢州閿鄉張氏子，貞觀六年五月五日生。弱齡笑傲如狂，一日令家人灑掃，云有勝客來。是日三藏玄奘自西國還，訪之，公問印度風境，了如所見。藏作禮圍繞，稱是菩薩。有兄萬年，久征遼左，母程氏，思其音信。公曰：「此甚易耳。」乃告母而往，至暮而還，及持到書，人因呼曰萬廻。其他靈迹甚多，不及錄。

△平等　高僧法號，生平不詳。

△肅肅　潘岳寡婦賦：「墓門兮肅肅。」注「銑曰：肅肅，靜貌。」

△諸天　佛經言欲界有六天，色界之四禪有十八天，無色界之四處有四天，其他尚有日天、月天、韋馱天等諸天神，總稱之曰諸天。

△劫　佛家語。世也，時間也。劫波（Kalpa）之略。祖庭事苑：「日月歲數謂之時，成住壞空謂之劫。」

【箋】

△周珽曰：「江寧之詩，大都以精深孤潔之想，出之以高古削拔之調。清思奧理，篇篇疊見。骨韵絕似劉昚虛、常建，如此篇與齋心、出彬山口、聽彈風入松等作，眞可謂積厚流光，自成一氣運者，又豈劉、常二君能多有也。」

△鍾惺云：「有佛有魔有仙有鬼有道有術，詩至此，豈能作文字觀。」又曰：「如彼句，幽光可畏

。當爲時世出二語，實有此理，卻將道理講不得。」又曰：「能讀此詩，與秋興、宿裴氏山莊二作，方許看陶詩，許作王孟。」又曰：「當於靜深中看其力量。」

△譚元春曰：「如彼二字，入得冷人肺腸。肅肅是松柏性情，神物烱烱相向，不是人間說話。」

變行路難

向晚橫吹悲。風動馬嘶合。前驅引旗節。千里陣雲匝。單于下陰山。沙礫空颯颯。封侯取一戰。豈復念閨閤。

【校】

△驅　明徐熥刊本唐文粹（簡稱徐氏本唐文粹）作駈。

△旗　宋刻本唐文粹（簡稱唐文粹）、徐氏本唐文粹作旌。詩紀、全唐詩同注云一作旌。

△匝　唐文粹、全唐詩並作帀。

△沙　徐氏本唐文粹、全唐詩並作砂。

△颯颯　徐氏本唐文粹、全唐詩並作颸颸。

△閤　黃氏本、詩紀、徐氏本唐文粹、全唐詩並作閣。

【注】

△橫吹　樂器名。册府元龜：「黨項羌，三苗之後，其俗有琵琶、橫吹，擊缶爲節。」古今樂錄：「橫吹胡樂，張騫入西域傳之。」通考樂考：「大橫吹、小橫吹，並以竹爲之，笛之類也。」又

橫吹曲，樂府曲名。樂府詩集：「橫吹曲，其始亦謂之鼓吹，馬上奏之，蓋軍中之樂也。北狄諸國，皆馬上作樂，故自漢以來，北狄樂總歸鼓吹署，其後分爲二部：有蕭笳者爲鼓吹，用之朝會道路，亦以給賜；有鼓角者爲橫吹，用之軍中。漢張騫入西域，傳其法於西京，唯得摩訶兜勒一曲。李延年因胡曲更造新聲二十八解，乘輿以爲武樂。魏晉以來，二十八解不復具存。隋以後，始以橫吹用之鹵簿，與鼓吹列爲棡鼓、鐃鼓、大橫吹、小橫吹四部，總謂之鼓吹。唐制分鼓吹爲鼓吹、羽葆、鐃吹、大橫吹、小橫吹五部。」

△旌節　謂旌與節也。爲使者所持之旗。唐書百官志：「節度使辭日，賜雙旌雙節。」李白發白馬詩：「將軍發白馬，旌節渡黃河。」

△匝　子答切，合韻，同市，周也。

△單于　漢時，匈奴稱其君長曰單于。漢書匈奴傳：「單于姓攣鞮氏，其國稱之曰撐犂孤塗單于。匈奴謂天爲撐犂，謂子爲孤塗。單于者，廣大之貌，言其象天單于然也。」

△陰山　山脈名，起於河套西北，綿亙於綏遠、察哈爾、熱河三省，與內興安嶺相接，自古爲中國北方之屏蔽。昔匈奴常據之以寇漢邊，漢時自武帝奪得此山，屯兵守之，匈奴之勢遂衰，今世地學家稱崑崙之北支曰陰山山系。

△颯颯　風聲也。楚辭九歌山鬼：「風颯颯兮木蕭蕭。」

△封侯　謂封爲列侯也。漢初功臣，大者封王，其次封侯，其後則僅封侯而已。」

△閨閤　謂內室也。閤亦作閣。史記汲黯傳：「黯多病，臥閨閤內不出。」按此借以稱妻子。

齋　心

女蘿覆石壁。溪水幽濛朧。紫葛蔓黃花。娟娟寒露中。朝飲花上露。夜臥松下風。雲英化爲水。光采與我同。日月蕩精魄。寥寥天府空。

【校】

△溪　唐詩歸、三昧集、詩紀並作谿。

△濛　沈氏本、品彙、三昧集並作蒙。

△朧　唐文粹作瀧。沈氏本、紀事、三昧集並作籠。

△朝飲　品彙作動飲。

△采　沈氏本、唐文粹、紀事並作彩。

△天府　三昧集府作宇。全唐詩府作宇注云一作府。詩紀同注云一作宇。

【注】

△齋心　卽心齋，謂一志虛心也。莊子人間世：「顏回見仲尼曰：『回之家貧不飲酒，不茹葷者數月矣，如此則可以爲齋乎？』曰：『是祭祀之齋，非心齋也。』回曰：『敢問心齋？』仲尼曰：『若一志，無聽之以耳而聽之以心，無聽之以心而聽之以氣，聽止於耳，心止於符，氣也者，虛而待物者也。唯道集虛，虛者心齋也。』」

△女蘿　即松蘿。廣雅釋草：「女蘿，松蘿也。」詩小雅頍弁：「蔦與女蘿。」毛傳：「女蘿，兔絲也。」李時珍是廣雅而非毛傳，今植物學家亦謂女蘿卽松蘿。按松蘿，一名女蘿，地衣類，產深山中，常自樹梢懸垂，全體絲狀，呈淡黃綠色或灰白色，分歧甚多，外皮部粗而中心部密，其老成部之表面，有多數輪狀裂紋，形態相似之種屬頗多。

△濛朧　狀水色。不明貌。

△紫葛　證類本草卷八引圖經曰：「葛藤蔓長一、二丈，紫色。」按屬蔓生落葉灌木，葉大，爲心臟狀圓形，掌狀淺裂；背面密生褐色綿毛，夏月莖梢著花，五瓣，形小，色黃綠，基腳有卷鬚，實爲黑色班形漿果，味酸可食，又可釀酒，日本名山葡萄。

△娟娟　月光淸麗貌。杜甫船下夔州郭宿雨溼不得上岸別王十二判官詩：「依沙宿舸船，石瀨月娟娟。」

△朝飲花上露　莊子：「藐姑射之山有神人居焉，吸風飲露。」

△雲英　證類本草卷三曰：「雲母一名雲英。」列仙傳：「咀嚼雲英。」孫綽子：「雲英芝蕤，鍊形者也。」

△精寬　精神魂魄也。後漢書張衡傳：「處子懷春，精魂回移。」

△天府　莊子：「孰知不言之辨，不道之道，若有能知，此之謂天府。」按言於石壁溪水之間，飲露臥風，雲英日月，且與吾身齊一，是方寸中亦有天府也。

【箋】

△王昌會曰：「觀昌齡齋心詩，謂其人孤潔恬淡，與物無傷，奈晚節言行相背。及淪落竄謫，竟不減才名，固知善毀者，不能掩西施之美也。」

△譚元春曰：「光怪竦峙，仙語佛語，各有神妙，不可言說，此道家神妙語，混襲不得。」

△周敬曰：「五光徘徊，十色陸離，可想其神致。」

△鍾惺曰：「首四句幽事稱題，次四句異境。」

△周啓琦曰：「古人談玄，但見煙霞，不見雲霧。」

秋山寄陳讜言

巖間寒事早。衆山木已黃。北風何蕭蕭。茲夕露爲霜。感激未能寐。中宵時慨慷。黃蟲初悲鳴。玄鳥去我梁。獨臥時易晚，離羣情更傷。思君若不及。鴻雁今南翔。

【校】

△未　唐文粹作不。

△寐　詩紀作滅。

△黃蟲　全唐詩同黃下注云一作草。

△若　黃氏本作苦。詩紀、全唐詩並同注云一作苦。

△雁　詩紀作鴈。

【注】

△秋山　在江西永新縣西北六十里。上有七十一峯，連跨五百里，奇峯纍纍，與衡潭相接。

△讜言　美言也，善言也，正直之言也。

△寒事　寒天之景色也。

△蕭蕭　荆軻易水歌：「風蕭蕭兮易水寒。」注：「蕭蕭，風聲也。」

△黃蟲　蟲名。本草附錄諸蟲黃蟲：「味苦，主寒熱，生地中，赤頭長足有角，羣居，七月七日採之。」

△玄鳥　燕也。禮月令：「仲春之月，玄鳥至。」

△鴻雁今南翔　雁秋季南來，春則北去，故稱爲候鳥。鴻爲雁之最大者。

【箋】

△漢皐詩話云：「……字有顚倒可用者，如羅綺、綺羅之類，方可縱橫。惟韓愈孟郊輩才豪，故有慨慷之語，後人亦難倣。余謂慨慷二字，退之東野亦有所祖，非二公自爲也。然慷字多作平聲，觀孟德短歌行「慨當以慷，憂思難忘」知其祖此非特二公也。如左太冲、張文昌、王昌齡、岑參等皆用此語……。」

過華陰

雲起大華山。雲山牙明滅。東峯始含景。了了見松雪。羇人感幽棲。窅映轉奇絕。欣然忘所疲。

永望吟不輟。信宿百餘里。出關玩新月。何意乍溟溟。遇物遂遷別。人生屢如此。何以肆愉悅。

【校】

△大　唐文粹、詩紀、品彙、全書詩、紀事、唐詩類苑（簡稱類苑）、三味集、唐詩歸並作太。

△雲山　詩紀、全唐詩並同注云一作山色。

△牙　黃氏本、朱氏本並同。唐文粹作五。類苑作乍。品彙、詩紀、紀事、全唐詩、唐詩歸、三味集並作互。

△峯　紀事作風。

△始　詩紀作如。

△羇人　詩紀、品彙、三味集、唐詩歸羇並作羈。

△棲　品彙作栖。

△百餘里　紀事作百里餘。

△玩　紀事作翫。

△乍溟溟　唐文粹作昨暝暝。品彙作昨冥冥。紀事、三味集、唐詩歸並作昨來心。詩紀、全唐詩並作昨來心注云一作乍冥冥。

△人生　唐文粹人作入。

△屢　品彙作屢。

【注】

△大華山　卽華山，以其西南有少華，故稱太華。

△互明滅　言明暗交互間作也。

△羈人　玉篇：「羈，寄也。」集韻：「羈，旅寓也。」卽寄居作客者。

△窅　謝玄暉敬亭山詩注：「窅，遠望也。」

△信宿　詩豳風九罭：「於女信宿。」傳：「再宿曰信。宿，猶處也。」

△溟溟　晉書樂志：「祇之來，遺光景，昭若存，終溟溟。」注：「神不可度之意。」

聽彈風入松闋贈楊府

商風入我絃。夜竹深有露。絃悲與林寂。清景不可度。寥落幽居心。颼飀青松樹。松風吹草白。
溪水寒日暮。聲意去復還。九變待一顧。空山多雨雪。獨立君始悟。

【校】

△聽彈風入松闋贈楊府　唐文粹、唐宋詩本（簡稱詩本）、詩紀、全書詩、三昧集、唐詩歸、唐詩選楊府並作楊補闕。唯徐氏本唐文粹作楊補闕，無闋字。文苑英華作聽琴彈風入松贈楊補闕。

△絃　文苑英華作琴。

△竹　詩本作行。

△颸颼　文苑英華、唐文粹、詩本、全唐詩、三昧集、唐詩歸、唐詩選、徐氏本唐文粹並作颼颸。

詩紀作颸颸。

△溪　文苑英華、唐文粹、三昧集、唐詩歸並作谿。

△暮　唐詩選作莫。

△變　詩紀、詩本、全唐詩並同注云一作辨。文苑英華作辨。

【注】

△風入松　樂府、琴曲歌辭名。晉嵇康作。

△闋　曲終也。歌一曲曰一闋。史記留侯世家：「歌數闋。」索隱：「闋，謂曲終也。」

△商風　謂秋風也。楚辭七諫沈江：「商風肅而害生兮。」注：「言秋氣起則西風急疾而害生也。」禮月令：「孟秋之月，其音商。」文選何晏景福殿賦：「結實商秋，敷華青春。」按商，五音之金音也，其音淒厲，於時爲秋，故云。

△寥落　淒涼空虛也。王建故行宮詩：「寥落故行宮，宮花寂寞紅。」

△颸颸　亦作颸颸，颸颸，風聲也。王炎草庵詩：「淸風颸颸竹萬箇。」文選左思吳都賦：「颼瀏颸颸，鳴條律暢。」

△九變　漢書武帝紀：「九變復貫，知言之選。」注：應劭曰：『逸詩也，陽數九，人君當陽，言變政復禮，合於先王舊貫，知言之選；選，善也。』孟康曰：『貫，道也；選，數也。極天之變而不失道者，知言之數也。』臣瓚曰：『先王創制易教，以救流弊也，是以三王之教，有文有

質。九，數之多也。』」言人君尚有回心轉意之日也。

【箋】

△沈德潛唐詩別裁：「絃外之音，味外之旨，可想不可說。」

△楡溪詩話：「唐人如王昌齡空山多雨雪，獨立君始悟。日月蕩精魄，寥寥天府空，蓋亦有所得者。」

△譚元春云：「每獨吟此，卽有人外之想。」

△鍾氏惺曰：「此首骨韻似劉昚虛。」

△峴傭說詩：「王昌齡聽彈風入松一首，最爲清幽。收處空山多雨雪，獨立君始悟，殊得琴理。作清微詩，亦須識此意，故曰詩禪。」

宿裴氏山莊

蒼蒼竹林暮。吾亦知所投。靜坐山齋月。清谿聞遠流。西峯下微雨。向晚白雲收。遂解塵中組。終南春可遊。

【校】

△莊　品彙作庄。

△齋　唐文粹作齊。

△谿　品彙、全唐詩並作溪。

△晚　三昧集、唐詩歸作曉。詩紀、全唐詩並作曉注云一作晚。

【注】

△裴氏山莊　裴廸，關中人，爲尚書省郎，終蜀州刺史。全唐詩錄存詩二十九首。山莊，山中之居所。世人在鄉僻處營別墅，亦稱山莊。按裴廸於天寶亂前（七五五）與王維及維妻舅崔興宗同住終南山。

△山齋　山中之書齋也。

△組　綬屬，其小者以爲冠纓，見說文。通訓定聲：「織絲有文，以爲綬纓之用者也。濶者曰組，爲帶綬；陿者曰條，爲冠纓。」

△終南春可遊　終南，山名，亦稱南山，或作中南，又稱地肺。其脈橫亙陝西省南部，東端入河南省至陝縣，西端入甘肅省至天水縣，即秦嶺也，主峰在長安縣南。按天寶亂前裴廸、王維嘗隱於此。此二句蓋言釋去塵世之羈絆而入山修道也。

【箋】

△鍾惺云：「當於靜深中看其力量。」

△吳退庵、胡甘亭云：「此種便是無跡可尋。」

同從弟銷南齋翫月憶山陰崔少府

高臥南齋時。開帷月初吐。清輝澹水木一作極木隙。演漾在牕戶。苒苒幾盈虛。澄澄變今古。美人清江畔。是夜越吟苦。千里其如何。微風吹蘭杜。

【校】

△銷　三昧集脫此字。

△帷　品彙作惟。全唐詩同注云一作帳。文苑英華作帳。

△滔水木一作極木隙　朱氏本同。黃氏本，類苑並同無注。品彙、詩紀、全唐詩、唐詩選滔並作淡無注。三昧集滔作澹無注。文苑英華作極木隙。

△牕　品彙、三昧集並作窓。類苑作牕。唐詩選作窻。全唐詩作窗。文苑英華作窓。

△澄澄　品彙作瀓瀓。

△如何　文苑英華、類苑作何如。全唐詩同注云一作何如。

△微　品彙作徵。

△吹　全唐詩同注云一作出。

△蘭　詩紀、全唐詩並同注云一作芳。文苑英華作芳。

【注】

△從弟　同祖伯叔之子而年幼於己者。三國志蜀志許靖傳：「少與從弟劭俱知名。」

△山陰　今浙江紹興縣。

△崔少府　少府，縣尉之稱。淸波雜志：「古治百里之邑，令附其俗，尉督其姦，故令曰明府，尉

曰少府。」按崔少府指崔國輔。吳郡人。官許昌令，遷禮部員外郎，後貶晉陵郡司馬。孟浩然有宿永嘉江寄山陰崔少府國輔及江上寄山陰崔少府國輔詩。

△高臥　高枕而臥也。晉書陶潛傳：「嘗言夏月虛閑，高臥北窗之下；清風颯至，自謂羲皇上人。」

△帷　窗幕也。

△清輝　皎潔之月光。

△水木　池沼樹木也。陳子昂詩：「水木淡孤清。」

△演漾　演，長流也，見說文。文選木華海賦：「東演析木。」漾，水搖動貌。文選左思蜀都賦：「漾輕舟。」向注：「漾，浮行也。」此言水月之清光，搖晃於窗戶，演漾不定也。

△苒苒　光陰迅速也。同冉冉。

△盈虛　禮：「月滿則盈，月闕則虛。」

△澄澄變今古　澄澄，清光也。言清光猶是而古今則變矣。

△美人　指少府。

△越吟　史記陳軫傳：「越人莊舄仕楚執珪，有頃而病；楚王曰：『舄故越之鄙細人也；今仕楚貴富矣，亦思越不？』中謝（侍御之官）對曰：『凡人之思故，在其病也，彼思越則越聲，不思越則楚聲。』使人往聽之，猶尚越聲。」白居易詩：「病添莊舄吟聲苦。」按山陰縣屬越。以其（少府）在越孤吟，自覺清苦也。

△微風吹蘭杜　蘭，蘭花。杜，杜若。俱香草也。按南齋與越，遙隔千里。蓋言少府在越，其聲名所播，到處皆聞。一若蘭杜之香，因微香所致，雖遠千里，皆可領其臭也。

【箋】

△沈德潛唐詩別裁：「高人對月時，每有盈虛古今之感。」

秋　興

日暮西北堂。凉風洗脩木。著書在南牕。門館常肅肅。苔草延古意。視聽轉幽獨。或問余所營。刈黍就寒谷。

【校】

△暮　唐詩選作莫。

△脩　黃氏本、類苑作修。

△牕　類苑作牕。唐詩歸作窓。全唐詩、唐詩選並作窗。文苑英華、詩紀作窻。

△草　唐詩選作艸。

【箋】

△譚元春曰：「延古意，妙甚。」

△王氏堯衢曰：「少伯古詩，其脈絡本於學陶，此首尤近。」

△唐汝詢云：「二詩（按另一指宿裴氏山莊）思清調古，信可與王孟頡頏。」

△鍾惺云：「古意何關苔草，便可想其視聽幽獨處。」

太湖秋夕

水宿煙雨寒。洞庭霜落微。月明移舟去。夜靜魂夢歸。暗覺海風度。蕭蕭聞鴈飛。

【校】

△舟　黃氏本作去。

【注】

△太湖　古曰震澤，亦曰具區，又有笠澤、五湖諸名。春秋時吳越二國，以此爲界。湖跨江浙兩省，面積號稱三萬六千頃。湖中島嶼凡十餘，水清山秀，世稱洞天福地。按太湖亦有洞庭湖之稱。文選左思吳都賦：「集洞庭而淹留。」注：「洞庭，即太湖也。」

△水宿　宿舟中也。

【箋】

△唐汝詢云：「短得峭。」

裴六書堂

閑堂閉空陰。竹木但清響。牕下長嘯客。區中無遺想。經綸精微言。兼濟當獨往。

【校】

△裴　詩紀作斐。

△閑　黃氏本作閒。

△空陰　文苑英華陰作音注云一作陰。

△竹木　詩紀、全唐詩木並作林注云一作木。文苑英華木作林。

△牕　文苑英華、黃氏本作窓。唐詩歸作牕。全唐詩作窗。詩紀作窻。

【注】

△書堂　書室也。

△區中　猶言心中。

△遺想　遺思也。徐陵齊國宋司徒寺碑：「節有推遷，情無遺想。」

△經綸　以治絲之事喻規畫政治也。易屯：「君子以經綸。」疏：「經，謂經緯。綸，謂綱論。言君子法此屯象有爲之時，以經綸天下，約束於物也。」

△兼濟　猶謂救助也。

【箋】

△鍾惺云：「經綸精微言，五字深。」

代扶風主人荅

殺氣凝不流。風悲月彩寒。浮埃起四遠。遊子迷不歡。依然宿扶風。沽酒聊自寬。寸心亦未理。長鋏誰能彈。主人就我飮。對我還慨然。便泣數行淚。因歌行路難。十五役邊城。三迴討樓蘭。

連年不解甲。積日無所飡。將軍降匈奴。國使沒桑乾。去時三十萬。獨自還長安。不信沙場苦。君看刀箭瘢。鄉親悉零落。塚墓亦摧殘。仰攀青松枝。慟絕傷心肝。禽獸悲不去。路傍誰忍看。幸逢休明代。寰宇靜波瀾。老馬思伏櫪。長鳴力已殫。少年與運會。何事發悲端。天子初封禪。賢良刷羽翰。三邊悉如此。否泰亦須觀。

【校】

△荅　品彙、全唐詩、唐詩歸並作答。荅爲簡體字。

△殺　紀事作煞。

△月　紀事、唐詩歸作日。詩紀、全唐詩並作日注云一作月。

△埃　紀事作塵。

△迷　紀事、唐詩歸作彌。詩紀、全唐詩並作彌注云一作迷。

△對　品彙作頋。

△慨然　詩紀、紀事、全唐詩然並作歎注云一作然。唐詩歸然作歎。

△城　唐詩歸作地。全唐詩作地注云一作城。

△廻　品彙、詩紀、全唐詩、唐詩歸作回。紀事作迴。

△飡　詩紀、全唐詩、唐詩歸作餐。

△國使　紀事使作士注云一作使。

△癈　品彙、詩紀、紀事、黃氏本、全唐詩、唐詩歸並作瘢。
△悉零落　品彙作零落盡。
△塚　品彙、紀事並作冢。
△絕　紀事作哭。
△傷　品彙作摧。
△傍　紀事作旁。
△運　紀事作君。
△禪　品彙作擇。
△觀　品彙作覿。

【注】

△扶風　在今陝西省岐山縣東，位漳水北岸。
△殺氣　胡笳：「殺氣朝朝衝塞門。」
△沽酒　買酒也。
△聊自寬　列子：「榮啓期帶索鼓琴而歌，孔子曰：「善乎能自寬者也。」
△長鋏誰能彈　史記：「馮驩聞孟嘗君好客，躡屩而見之。孟嘗君置傳舍，彈其劍而歌曰：「長鋏歸來乎食無魚。」楚辭注：「鋏，劍把也。」

△行路難　樂府雜曲歌名，鮑照作，十九首。樂府詩集：「樂府解題曰：『行路難，備言世路艱難及離別悲傷之意，多以君不見爲首。』按陳武別傳：『武常牧羊諸家，牧豎有知歌謠者，武遂學行路難。』則所起亦遠矣。唐王昌齡又有變行路難。」按此曲仿作者極多，而以李白三首最膾炙人口。

△樓蘭　漢西域諸國之一。武帝時，屢使通大宛，樓蘭當道，常攻擊漢使；昭帝立，遣傅介子斬其王，改名善善。漢書：「鄯善國本名樓蘭，王治扜尼城，去陽關千六百里。」按鄯善隋時嘗置鄯善郡，唐時號爲納縛波，故地在今新疆省鄯善縣東南戈壁中。

△無所飡　廣韻：「湌俗作飡。」卽無所餐也。

△將軍降匈奴　史記：「貳師將軍廣利降匈奴。」

△國使沒桑乾　漢書：「烏孫昆彌因國使上書。」又地理志：「代郡有桑乾縣。」

△刀箭瘢　胡笳：「沙場白骨兮刀痕箭瘢。」一切經音義：「瘢，痕也。」

△仰攀青松枝　晉書：「王裒廬於墓側，旦夕常攀栢悲號。」

△休明　左傳：「王孫滿曰：『德之休明。』」謂美善而清明也。

△寰宇　說文：「寰，王者封畿內縣也。」文子：「四方上下謂之宇。」按卽天下之意。

△老馬思伏櫪　魏武帝樂府：「老驥伏櫪，志在千里。」伏櫪，馬伏於槽櫪也。此蓋以老驥雖伏櫪而猶有雄心，喻烈士雖屆暮年，抱負猶待舒展也。

△長鳴力已殫　殫，盡也。潘岳射雉賦：「思長鳴以效能。」東京賦：「征稅盡，人力殫。」

△運會　謂時運際會也。

△天子初封禪　唐禮樂志：「開元十二年，羣臣多言封禪，十三年有事泰山。」白虎通：「升封者，增高也。下禪梁甫之山基廣厚也。天以高爲尊，地以厚爲德，故增泰山之高以效天，附梁甫之基以報地。」

△刷羽翰　沈約詩：「刷羽同搖漾。」注：「刷，理也。」說文：「翰，赤羽也。」

△三邊　謂匈奴、南越、朝鮮也。史記律書：「高祖有天下，三邊外畔。」漢書：「王莽篡位，三邊愁擾。」

△否泰亦須觀　易序卦：「泰，通也，物不可以終通，故受之以否，物不可以終否；故受之以同人。」按否泰本二卦名，天地交謂之泰，不交謂之否；交則通，不交則塞，故世恆用以稱命運之通塞。此言天子志在封禪，羣臣無意三邊。已恐否泰循環，亦未可高枕而臥也。

【箋】

△吳昌祺曰：「言我因風景蕭條，沽酒以消客。況乃主人就飲，泣涕而歌。自言十五從軍，倍嘗艱苦，及軍沒亡歸，而親友盡喪。塚墓摧殘，無傷痛乎？今宇內清平，老馬尙思伏櫪，但少年得志，則我無能爲矣。然何事而興悲哉？正以天子志在封禪，羣臣無意三邊，吾恐否泰循環，亦未可高枕而臥也，其後安祿山果以邊鎭造反。」

△鍾惺云：「長詩感事，惟少陵獨得風刺之妙。此作近之，微有鋪敍之痕，故爲少遜。」又曰：「依然宿扶風，無限凄感，在此五字。理字妙，對亂字看自見。少年與運會，此悟深。賢良刷羽翰，有諷，得一結，不碎不散，全篇身分。」

△譚元春曰：「看其出沒，眞五言古中宏肆高格也。結否泰亦須觀五字耳，又是一篇深遠大文章。」

△郭濬云：「哀情質語，深得風刺之妙。」

△周啓琦云：「纏綿激楚，如怨如訴，讀之不知詩生於情，情生於詞。」

段宥廳孤桐

鳳凰所宿處。月映孤桐寒。槁葉零落盡。空柯蒼翠殘。虛心誰能見。眞影非無端。響發調尚苦。清商勞一彈。

【校】

△段　文苑英華作叚。

△鳳凰　全唐詩凰作皇。

△映　全唐詩作暎。

△槁葉　文苑英華槁作稿。

△蒼翠殘　文苑英華作翠仍殘。

△尙　文苑英華作恒。

【注】

△空柯　無葉之枝幹也。

△淸商　音調也，爲五音之一。

【箋】

△鍾惺云：「鳳凰梧桐古詩厭套，起得法老，反覺奇妙。」

△唐汝詢云：「見桐而想彈，所謂見彈而求梟炙。」

△譚元春云：「勞字尖。」又云：「直影非無端，秀心。」

巴陵劉處士東齋作

劉生隱岳陽。心遠洞庭水。偃帆入山郭。一宿楚雲裏。竹映秋館深。月寒江風起。煙波桂陽接。日夕數千里。嫋嫋淸夜猿。孤舟坐如此。湘中有來鴈。雨雪候音旨。

【校】

△巴陵劉處士東齋作　三昧集無東齋作三字。唐詩選、唐詩歸並作巴陵別劉處士。詩紀、全唐詩並作巴陵別劉處士注云一作巴陵劉處士東齋作。文苑英華另首同題作巴陵別劉處士。湘中作湖中。

△偃　品彙作偃。文苑英華、唐詩歸作偃。

△楚雲　文苑英華雲作江。

△映　品彙作暎。
△江風　品彙、三昧集風作門。詩紀、全唐詩並同注云一作門。
△煙　唐詩歸作烟。
△陽　品彙作昜。
△坐　品彙作笑。
△鴈　唐詩選作雁。
△侯　詩紀作侯。

【注】

△巴陵　山名、亦名巴丘，又稱天岳，在湖南省岳陽縣城內西南隅，下臨洞庭湖。元和郡縣志：「后羿屠巴蛇於洞庭，其骨若陵，因曰巴陵。」
△處士　荀子：「古之所謂處士者，德盛者也，能靜者也，修正者也，知命者也。」
△岳陽　在今湖南省臨湘縣西南。地當洞庭湖入長江之口。
△偃　息也。
△桂陽　以在桂水之陽，故名。故治在今廣東省連縣。
△嫋嫋　狀音之悠揚。
△湘中　湖南省境之地。

△音旨　音辭也。晉書王承傳：「諷詠遺言，不若親承音旨。」

趙十四兄見訪

客來舒長簟。開閤延清風。但有無絃琴。共君盡樽中。晚來常讀易。頃者獨還嵩。世事何須道。
黃精且養蒙。嵇康殊寡識。張翰獨知終。忽憶鱸魚鱠。扁舟往江東。

【校】

△見訪　四部叢刊縮印江南圖書館明刊本國秀集（簡稱四部縮印明刊國秀集）、明覆刊宋書棚本國秀集（簡稱書棚本國秀集）、明新安汪宗尼校刊本國秀集（簡稱汪氏本國秀集）語並作尋。

△舒　汪氏本國秀集作書。

△延　四部縮印明刊國秀集、書棚本國秀集、汪氏本國秀集並作乘。

△閤　全唐詩作閣。

△清　四部縮印明刊國秀集、書棚本國秀集、汪氏本國秀集、四部叢刊縮印河嶽英靈秀水沈氏翻宋本（簡稱四部縮印河嶽英靈沈氏本）並作涼。

△有　四部縮印河嶽英靈沈氏本作見。

△樽　四部縮印明刊國秀集、書棚本國秀集、汪氏本國秀集、全唐詩並作尊。

△常　汪氏本國秀集作長。三昧集作嘗。詩紀、唐詩歸並作當。

△獨　詩紀、全唐詩作欲注云一作獨。四部縮印明刊國秀集、書棚本國秀集、汪氏本國秀集、三昧

集、唐詩歸並作欲。
△嵇　唐詩歸作稽。
△鱠　四部縮印明刋國秀集、書棚本國秀集、汪氏本國秀集並作膾。
△江東　四部縮印明刋國秀集缺江字。

【注】

△舒長簟　舒，伸也，見說文予部。簟，竹席也，見說文。
△無絃琴　無絃之琴。梁昭明太子陶靖節傳：「淵明不解音律，而蓄無絃琴一張，每酒適，輒撫弄以寄其意。」李白詩：「大音自成曲，但奏無絃琴。」
△嵩　嵩山。在河南省登封縣北。古曰外方；又名嵩高，爲五嶽中之中嶽。中曰峻極，東曰太室，西曰少室。
△黃精　文選嵇康與山巨源絕交書：「聞道士遺言，餌求黃精。」博物志：「太陽之草名黃精，食之可以長生。」
△養蒙　養，培養。蒙，幼稚也。謂養其童蒙也。
△嵇康　三國魏銍人，字叔夜。豐姿俊逸，博覽多通，好老莊導氣養性之術，著有養生篇。善鼓琴，工書畫，爲竹林七賢之一，仕爲中散大夫。鍾會與有私怨，藉事讒諸司馬昭，遂被害，所著有嵇中散集。

△張翰　晉吳郡人，字季鷹。性至季，有淸才，善屬文，縱任不拘，時號爲江東步兵。入洛，仕齊王冏爲大司馬東曹掾；因秋風起，思吳中菰菜、蓴羹、鱸魚膾，曰：「人生貴得適志，何能羈宦數千里，以要名爵乎？」遂命駕歸。(見晉書張翰傳) 今人謂鄉思曰蓴鱸之思，本此。

△鱸魚膾　以鱸魚所作之膾也。搜神記：「左慈，字元放，廬江人也，少有神通，嘗在曹公座，公笑顧衆賓曰：『今日高會，珍羞略備，所少者吳松江鱠魚爲膾。』元放云：『此易得耳。』因求銅盤貯水，以竹竿餌釣于盤中，須臾引一鱸魚出，公大拊掌，會者皆驚。」

△江東　大江下游之地。

【箋】

△唐汝詢云：「江寧知此，奈何有閭丘之禍。」

九江口作

漭漭江勢濶。雨開潯陽秋。驛門是高岸。望盡黃蘆洲。水與五溪合。心期萬里遊。明時無棄才。
謫去隨孤舟，鷙鳥立寒木。丈夫佩吳鉤。何當報君恩。却繫風霜頭。

【校】

△漭漭　文苑英華、品彙、詩紀、全唐詩、黃氏本並作漭漭。

△溪　詩紀、全唐詩作谿。

△才　品彙作材。

△鷔　全唐詩作鷙。

△丈　黃氏本作大。

△風霜頭　紀事、詩紀、全唐詩並作單于頭。

【注】

△九江　程大昌禹貢論：「九江卽潯陽之大江。」

△潯陽　今江西省九江縣治。

△漭漭　水廣遠貌。文選宋玉高唐賦：「涉漭漭，馳苹苹。」

△五溪　武陵有五溪，謂雄溪、樠溪、無溪（一作潕溪）、酉溪、辰溪也。夾溪悉爲蠻族所居，皆盤瓠種落，謂之五溪蠻。見水經沅水注。今湖南貴州兩省接壤處，卽古五溪蠻地。

△鷙鳥　鳥類之猛者曰鷙。說文：「鷙，擊殺鳥也。」按謂鷹鸇之屬。

△吳鉤　彎形之刀，鮑照樂府：「錦帶佩吳鉤。」吳越春秋：「闔廬卽寶莫耶，復命於國中作金鉤，令曰：『能爲善鉤者賞之百金。』吳作鉤者甚衆，而有人貪王之重賞也，殺其二子，以血釁金，遂成二鉤，獻于闔廬。」按唐人詩言吳鉤者本此。

獨　遊

林臥情每閑。獨遊景常晏。時從灞陵下。隨釣往南澗。手攜雙鯉魚。目送千里鴈。悟彼非有適。知此罹憂患。放之清泠泉。因得省疎慢。永懷青岑客。廻首白雲間。超然無遺事。豈繫名與宦。

【校】

△情　詩紀作清。

△每　品彙、紀事並作自。全唐詩作每注云一作自。

△閑　唐詩選作間。全唐詩作閒。

△遊　唐詩選作游。

△隨　唐文粹、紀事、詩紀、全唐詩並作垂。

△往　品彙作佳。

△擕　唐文粹作攜。品彙、詩紀、全唐詩作攜。紀事、唐詩選作攜。

△鯉魚　唐文粹鯉作白。

△鴈　紀事作雁。

△非　詩紀、全唐詩並作飛注云一作非。

△知此羅憂患　品彙患字下注云：僧皎然云嵇生目送歸鴻，手攜五絃，俯仰自得，遊心大玄之意也。

△泠　黃氏本、品彙、徐氏本唐文粹、紀事、詩紀、全唐詩並作冷。

△懷　唐文粹、徐氏本唐文粹並作惟。

△廻　唐文粹、紀事、唐詩選並作迴。廻同迴。

△超然無遺事　唐文粹、徐氏本唐文粹、紀事、唐詩選並作神超物無違。品彙作超然物無違。詩紀、全唐詩並作神超物無違注云一作超然無遺事。

△宧　品彙作宧。

【注】

△灞陵　在陝西長安城東。

△南澗　南側之澗谷也。澗，山夾水也，見說文。詩：「南澗之濱。」

△雙鯉魚　謂書札也。古人寄書，常以尺素結成雙鯉形，故云。古詩：「遺我雙鯉魚。」古樂府云：「尺素如殘雪，結成雙鯉魚。」

△目送千里鴈　鴈，鴻鴈也，鴈足可繫書，故云。嵇康詩：「目送歸鴻。」

△罹憂患　漢書文帝紀：「以罹寒暑之數。」注：師古曰：「罹，音離，遭也。」

△清泠泉　水名。山海經中山經：「豐山神耕父處之，常遨清泠之淵。」文選張衡東京賦：「囚耕父於清泠。」善注：「清泠，水名，在南陽西鄂山上。」按高祖諱淵，唐人改淵爲泉。又西鄂，漢縣，在今河南省南陽縣南。

△靑岑客　張衡賦：「欣靑岑之玉醴。」注：「靑岑山名，上高者曰岑。」按卽巖棲之客，所謂高蹈之士也。

△省疎慢　恐其以疎慢取禍如魚也。省，反省也。按自放之淸泠泉至廻首白雲間，是爲詩眼。

【箋】

△唐仲言云：「此欲遯世以遠害也。」

△歷代詩話：「皎然詩式著偷語詩例云，如：偷勢詩例云如王昌齡詩手攜雙鯉魚，目送千里鴈；悟彼非有適，嗟此罹憂患。取嵇康目送歸鴻，手揮五絃，俯仰自得，遊心太元。」

△竹莊詩話：「僧皎然詩式云：詩有三偷，偷語最是鈍賊。如：偷意事雖可罔，情不可原。如：偷勢才巧意精，若無形跡，蓋詩人偷狐白裘手也。如嵇康目送歸鴻，手揮五絃。王昌齡手攜雙鯉魚，目送千里鴈是也。」

△顧璘曰：「閒中着眼。」

△唐汝詢云：「江寧知此，何竟不得保身。」

△陸士銚曰：「超然有玄思。」

江中聞笛

橫笛怨江月。扁舟何處尋。聲長楚山外。曲繞胡關深。相去萬餘里。遙傳此夜心。寥寥浦溆寒。響盡唯幽林。不知誰家子。復奏邯鄲音。水客皆擁棹。空霜遂盈襟。羸馬望北走。遷人悲越吟。何當邊草白。旌節隴城陰。

【校】

△江中　品彙、詩紀、全唐詩、三昧集、唐詩選中並作上。四部縮印河嶽英靈沈氏本中作山。

△繞　四部縮印河嶽英靈沈氏本、詩紀、三昧集、唐詩歸並作遶。
△浦溆　文苑英華溆作嶼。
△唯　四部縮印河嶽英靈沈氏本、詩紀、全唐詩、三昧集、唐詩歸、唐詩選並作惟。
△幽　品彙作空。
△皆　黃氏本作背。蓋爲形誤。
△羸　黃氏本、四部縮印河嶽英靈沈氏本、品彙、全唐詩並作羸。文苑英華作疲。
△望　文苑英華作願。
△草　唐詩選作艸。
△隴　全唐詩同注云一作龍。文苑英華作龍。

【注】

△橫笛　橫吹之笛，卽今通用之七孔笛，對古笛之直吹者而言。沈約折楊歌：「下馬吹橫笛，愁殺路傍兒。」
△扁舟　小船也。
△楚　湖南湖北兩省之通稱。
△胡　北狄曰胡。考工記總敘：「胡無弓車。」鄭司農注：「胡，今匈奴。」
△浦溆　海邊。王維曲江侍宴詩：「晝旗搖浦溆，春服滿汀洲。」

△邯鄲音　邯鄲，今河南省北部及河北省西南部之地。漢書地理志張晏注云：「邯，山名。鄲，盡也；邯山至此而盡，故名。」古今注：「邯鄲女子秦羅敷，採桑於陌上，趙王見欲奪之，羅敷乃彈箏作陌上之歌以自明。」

△水客　舟人也。吳都賦：「試水客漾輕舟。」

△羸馬　羸，瘦也，弱也。謂瘦弱之馬。

△遷人　左遷之官員，亦流落他鄉者。

△越吟　吟越國之歌也。文選王粲登樓賦：「鍾儀幽而楚奏兮，莊舃顯而越吟。」

△隴城　故城在今甘肅省清水縣北。

【箋】

△唐汝詢云：「因笛而起邊庭之思。」

△鍾惺云：「響盡惟幽林五字妙，所謂虛響之意，絃外之音，可想不可說。」

△譚元春云：「只說笛以後之妙，而笛之妙自見。」

塞下曲三首

其　一

蟬鳴桑樹間。八月蕭關道。出塞入塞寒。處處黃蘆草。從來幽幷客。皆共塵砂老。莫作游俠兒。矜誇紫騮好。

【校】

△塞下曲三首　文苑英華作塞上曲三首。書棚本國秀集、汪氏本國秀集只作塞下曲。品彙及薈編唐詩下並作上。詩紀、全唐詩三並作四。（另奉詔甘泉宮，邊頭何慘慘二首見補遺）

△桑樹間　四部縮印明刋國秀集、三昧集、唐詩選、薈編唐詩並作空桑林。汪氏本國秀集、詩紀、全唐詩作空桑林注云一作桑樹間。文苑英華作空桑麻。

△出塞入塞寒　四部縮印明刋國秀集、類苑、三昧集、薈編唐詩並作出塞復入塞。全唐詩同注云一作復入塞。汪氏本國秀集作出塞復入塞注云一作出塞入塞寒。文苑英華寒作雲。

△蘆　書棚本國秀集作蘆。

△幽幷　黃氏本作幷幽。

△共　四部縮印明刋國秀集、汪氏本國秀集、書棚本國秀集並作向。

△塵砂　文苑英華、黃氏本、詩紀、三昧集、薈編唐詩、唐詩選砂並作沙。品彙作沙塵。四部縮印明刋國秀集、書棚本暨汪氏本國秀集並作沙場。全唐詩砂作沙注云一作向沙場。

△作　品彙、詩紀、三昧集、全唐詩、薈編唐詩、唐詩選並作學。

△游　文苑英華、四部縮印明刋國秀集、書棚本國秀集、汪氏本國秀集、品彙、詩紀、類苑、全唐詩並作遊。

△驄　文苑英華、四部縮印明刋國秀集、書棚本國秀集、汪氏本國秀集、品彙、全唐詩、三昧集、

薈編唐詩、唐詩選並作騮。詩紀作驑。

【注】

△塞下曲　樂府遺聲征戍十五曲中有塞下曲。

△蕭關道　元和郡縣志曰：「關西道原州平高縣蕭關，故城在縣東南三十里。」清一統志曰：「甘肅平涼府蕭關，在固原州東南。」按在今甘肅省固原縣東南。

△幽幷客　漢書地理志：「周既克殷，定官分職，改禹徐梁二州合之於雍青，分冀州之地以爲幽幷。」隋書地理志曰：「自古言勇俠者，皆推幽幷。」曹子建白馬篇：「借問誰家子，幽幷游俠兒。」按幽，今河北省地。幷，今山西省地。

△游俠　史記游俠傳集解引荀悅曰：「立氣齊作威福，結私交以立彊於世者謂之游俠。」

△紫騮　樂府詩集卷二十四引古今樂錄曰：「紫騮馬蓋從軍久戍懷歸而作也。楊炯紫騮馬曰：『金鞭控紫騮。』」按騮，馬之赤身黑鬣者。此言從古以來，征戍幽幷之客不一，其人皆共塵埃沙漠中以至老死，有幾個生還故國者？莫學游俠之兒，恃其志氣剛強，生死不懼。縱有紫騮之好，儘爾矜誇，其如淹滯挫折何哉。

【箋】

△紀錄彙編譯語：「邊人生長與虜相鄰，往往死於鋒鏑（謂哨探戰鬪搶掠也）唐王昌齡曰：『從來幽幷客，皆向沙場老。』可爲流涕。」

其　二

飲馬度秋水。水寒風似刀。平沙日未沒。黯黯見臨洮。昔日長城戰。咸言意氣高。黃塵足今古。白骨亂蓬蒿。

【校】

△薈編唐詩此首題作塞下曲。四部縮印明刋國秀集、書棚本國秀集並作望臨洮。汪氏本國秀集作望臨洮注云一作塞下曲。

△度　書棚本國秀集、品彙、詩紀、全唐詩、三味集、薈編唐詩、唐詩選並作渡。

△昔日　四部縮印河嶽英靈沈氏本作當昔。四部縮印明刋國秀集、書棚本國秀集、汪氏本國秀集並作當日。全唐詩同昔下注云一作當。

△長城　詩紀、全唐詩並同長下注云一作龍。

△是　四部縮印明刋國秀集、書棚本國秀集、類苑、三味集、薈編唐詩、唐詩選並作足。全唐詩作足注云一作漏一作是。

△亂蓬蒿　全唐詩同注云此首一本題作望臨洮。

【注】

△飲馬　使馬飲水也。左傳宣公十二年：「將飲馬於河而歸。」史記楚世家：「飲馬西河。」

△平沙日未沒，黯黯見臨洮　平沙，塞外之地，一片沙漠，故曰平沙。黯黯，深黑貌。臨洮，今甘

肅省岷縣治。以地臨洮河，故名。其始置於秦，蒙恬築長城，起臨洮，至遼東，唐以後沒於吐蕃，按以爲當殘日未沒之時，一望平沙之遠，黯黯中所見者，知是臨洮也。

△意氣　漢書：「李廣意氣自高。」

△足　滿也。

△白骨亂蓬蒿　白骨，指死人之骨。蓬蒿，草莽也。蓋言今古之委身沙場者，有誰收斂？但見白骨纍纍，雜厠蓬蒿之內，傷之至也。

【箋】

△吳山民曰：「格高氣雄，起二句實境。」

△唐汝詢曰：「末言意氣高者安在？」

△周珽曰：「少伯慧心甚靈，神力亦勁。此篇及少年行，與新卿此題詩，極簡、極縱、極古、極新，俱在漢魏之間。」

其　三

秋風夜渡河，吹却鴈門桑。遙見胡地獵。備馬宿嚴霜。五道分兵去。孤軍百戰場。功多翻下獄。士卒但心傷。

【校】

△詩紀、全唐詩並題作塞上曲。

△獵　品彙作獦。

△備馬　黃氏本、全唐詩備並作鞲。詩紀作鞴。品彙作韝。

【注】

△雁門　關名，一名西陘關。在山西省代縣西北雁門山上。

△鞴馬　鞴，本作鞴，與絥同。說文：「絥，車絥也。」鞴馬，車絥馬，蓋戰馬也。

△五道分兵　南史呂僧珍傳：「建武二年，魏軍南攻，五道並進。」文選李少卿答蘇武書：「昔先帝授陵步卒五千，出征絕域，五將失道，陵獨遇戰。」注：「漢書武紀曰：天漢二年，將軍李廣利出酒泉，公孫敖出西河，騎都尉李陵將步卒五千出居延。時無五將，未審陵書之誤而武紀略之。集表云：「臣以天漢二年到塞外，尋被詔書，責臣不進。臣輒引師前到浚稽山，五將失道。詳此亦不云其名。」

少年行

西陵俠少年。送客短長亭。青槐夾兩路。白馬如流星。聞道羽書急。單于寇井陘。氣高輕赴難。誰顧燕山銘。

【校】

△少年行　文苑英華、詩紀、全唐詩作少年行二首。

△送客　四部縮印河嶽英靈沈氏本作客過。

△短長亭　文苑英華短作過。

△路　品彙作道。詩紀、全唐詩並作道注云一作路。

△道　品彙、四部縮印河嶽英靈沈氏本作有。

△氣高輕難赴　文苑英華作氣輕浮道（一作蹈）難（一作氣高輕赴難）。

△誰願　品彙願作頤。四部縮印河嶽英靈沈氏本願作顧。詩紀、全唐詩願作顧注云一作惟願。文苑英華同注云一作願。

△銘　詩紀作路。

【注】

△少年行　樂府雜曲歌辭。本出於結客少年場行。樂府解題曰：「結客少年場行，言輕生重義，慷慨以立功名也。」

△西陵　故城在今湖北省黃岡縣西北。

△短長亭　白帖：「十里一長亭，五里一短亭。」世常用爲送別之詞。王褒詩：「河橋望行旅，長亭送故人。」朱慶餘詩：「短亭分袂後，倚檻思偏孤。」

△羽書　亦名羽檄，徵兵之書也。文選虞羲詠霍將軍伐詩：「羽書時斷絕。」善注：「羽書，卽羽檄也。」銑注：「羽書，徵兵檄也。」漢書高帝紀：「吾以羽檄徵天下兵。」注：「檄者，以木簡爲書，長尺二寸，用徵召也。其有急事，則加以鳥羽插之，示速急也。」

△單于　漢時匈奴稱其君爲單于。
△井陘　關名，亦曰土門關，又稱井陘口。在井陘山上，爲太行山八陘之一，當翼魯兩省交通之孔道。
△燕山銘　卽燕然山銘。後漢永元元年，竇憲破北單于，登燕然山，刻石紀功而還，見後漢書本傳。按當卽今蒙古三音諾顏汗中部之杭愛山。銘，文體之名，古多刻於器物；秦漢以後，或刻於石。或以示稱揚，或以著警戒，或兼寓稱揚警戒之義，大抵因所施而異。

【箋】
△沈德潛唐詩別裁：「少伯塞上詩，多能傳出義勇。」

雜　興

握中銅匕首。粉剉楚山鐵。義士頻報讎。殺人不曾缺。可悲燕丹事。終被狼虎滅。一擧無兩全。
荆軻遂爲血。誠知匹夫勇。何取萬人傑。無道呑諸侯。坐見九州裂。

【校】
△讎　黃氏本作讐。

【注】
△剉　折傷也，見說文。又去芒角也，見玉篇。
△楚山　在湖北省襄陽縣西南，又名馬鞍山，亦名望楚山。
△燕丹事　戰國燕王喜太子，名丹，患秦之強，使荆軻入秦刺始皇，不成；始皇怒，急攻燕；喜斬

丹欲獻秦，而秦復進兵，卒滅燕。見史記荆軻傳。鄒陽上梁王書：「昔荆軻慕燕丹之義，白虹貫日，太子畏之。」

△荆軻遂爲血　軻，戰國齊人，徙於衞，字公叔，衞人謂之慶卿；後至燕，燕人謂之荆卿。好讀書擊劍，燕太子丹客之，欲令劫秦王，及諸侯侵地；不可，因而刺殺之。軻請樊於期首，懷匕首及督亢地圖以行；至秦，獻秦王，圖窮而匕首見，揕秦王，不中，遂遇害。

△九州　古分天下爲九州，有禹貢九州，爾雅九州，周禮九州之別；此乃泛指天下而言。

送任五之桂林

楚客醉孤舟。越水將引棹。山爲兩鄉別。月帶千里貌。羇譴同繒綸。僻幽聞虎豹。桂林寒色在。苦節知所效。

【校】

△羇　黃氏本、詩紀並作羈。

△繒　詩紀作繒。文苑英華作矰。

△桂林　黃氏本作林林。

【注】

△楚客　楚地之客也。左氏襄二十六：「楚客聘於晉。」

△繒綸　繒，帛之總名。綸，青絲綬。

△桂林　秦置，故治在今廣西象縣東南。境內山川明秀，世有「桂林山水甲天下」之目。
△苦節　於逆境中仍守節之謂。後世每以堅苦卓絕，守志不渝者，謂之苦節。易節：「苦節不可貞。」

山中別龐十

幽娟松篠徑。月出寒蟬鳴，散髮臥其下。誰知孤隱情。吟時白雲合。釣處玄潭清。瓊樹方杳靄。鳳兮保其貞。

【校】
△龐十　詩紀十作千。
△娟　品彙作陰。
△徑　品彙作逕。
△白雲　詩記、全唐詩同白下注云一作碧。文苑英華同白下注云集作碧。
△釣處　全唐詩同注云一作酌罷。詩紀同處下註云一作罷。文苑英華作酌罷注云集作釣處。
△貞　文苑英華作眞。

【注】
△幽娟　幽靜美好也。
△篠　小竹也。爾雅釋草：「篠，箭。」郝懿行羽疏：「篠，說文作筱云箭屬，小竹也。」蓋篠可

爲箭，因名爲箭。」

△瓊樹　玉樹也。文選謝惠連雪賦：「庭列瑤階，林挺瓊樹。」注：「良曰：階樹盡如瓊瑤矣，瓊瑤，玉名。」

△杳靄　杳或作窅，冥也，深遠也。靄，雲貌。梁元帝陶弘景碑：「窅靄修櫳。」按杳靄或作窅靄，亦作窈藹，深遠貌。

△鳳兮保其貞　論語微子：「楚狂接輿歌而過孔子曰：『鳳兮鳳兮，何德之衰？』」按言欲保其聖德也。

【箋】

△譚元春云：「釣處玄潭清，潔甚。」

△唐汝詢云：「知己勸勉之言。」

留別伊闕張少府郭都尉

遷客就一醉。主人空金罍。江湖青山底。欲去仍徘徊。郭侯未相識。策馬伊川來。把手相勸勉。不應老塵埃。孟陽蓬山舊。仙館留清才。日晚勸取別。風長雲逐開。幸隨板輿遠。負譴何憂哉。唯有仗忠信。音書報雲雷。

【校】

△郭都尉　文苑英華、全唐詩作郭大都尉。

△遷客　文苑英華遷作僊。

△徘徊　全唐詩作裵回。

△蓬　黃氏本作逢。全唐詩作逢注云一作蓬。

△勸取別　詩紀、全唐詩取並作趣。文苑英華勸作歡。

△逐　全唐詩同注云一作遂。文苑英華作遂。

△仗忠信　詩紀信作言。文苑英華作忠信者。

【注】

△伊闕　即春秋周闕塞。故城在今河南省洛陽縣南。

△少府　縣尉別稱。唐人好以他名標牓官稱，尉曰少府、少公、少仙。清波雜志：「古治百里之邑，令附其俗，尉督其姦，故令曰明府，尉曰少府。」

△都尉　秦於三十六郡各置尉，掌佐守，典武事。漢景帝更名都尉而不徧設，惟於邊陲之郡置之，秩比太守。其後名號漸多，不僅限於郡將。歷代不置郡都尉，惟仍有名號都尉，如輕車都尉、騎都尉等，爲勳官清制。武官階自正三品至從四品，亦稱都尉。

△金罍　酒器名。詩周南卷耳：「我姑酌彼金罍。」傳：「人君黃金罍。」疏：「金罍，酒器也，諸臣所酢，人君以黃金飾尊，大一碩，金飾龜目，蓋刻爲雲雷之象，罍者取象雲雷博施，如人君下及諸臣？」陳奐傳疏：「說文『櫑，龜目酒尊，刻木作雲雷象，象施不窮也。櫑或从缶。』正

義引阮諶禮圖亦云：『刻木爲之。』則罍木質，畫以雲雷而加飾以爲等差。人君黃金罍，黃金其飾也。」

△伊川　在今河南省洛陽縣南。

△孟陽　正月之異稱也。梁元帝纂要：「正月爲孟陽。」

△仙館　仙人修道之所。晉書許邁傳：「放絕世務，以尋仙館。」

△板輿　亦作版輿。文選潘岳閑居賦：「太夫人乃御板輿。」注：「版輿，車名，一名步輿。周遷輿服雜事記曰：『步輿方四尺，素木爲之，以皮爲襻捆之，自天子至庶人通得乘之。』」按潘賦述閒居奉親之事，後人輒用爲居官迎養其親之詞。

詠史

荷畚至洛陽。胡馬屯北門。天下裂其土。豺狼滿中原。明夷方濟世。斂翼黃埃昏。披雲見龍顏。始蒙國士恩。位重謀亦深。所舉無遺奔。長策寄臨終。東南未可吞。賢智苟有時。貧賤何所論。唯然嵩山老。而後知我言。

【校】

△胡馬屯北門　四部縮印河嶽英靈沈氏本、全唐詩並作杖策遊北門。品彙胡作牧。

△裂其土　四部縮印河嶽英靈沈氏本、全唐詩並作盡兵甲。

△濟世　四部縮印河嶽英靈沈氏本、全唐詩並作遘患。

△歛翼黃埃昏　四部縮印河嶽英靈沈氏本作顧我徒崩奔。全唐詩作顧我徒崩犇。

△披雲見龍顏　四部縮印河嶽英靈沈氏本、全唐詩並作自慚非薄才。惟全唐詩慚作慙。

△始蒙　四部縮印河嶽英靈沈氏本、全唐詩始並作誤。

△謀亦深　四部縮印河嶽英靈沈氏本、全唐詩並作任亦重。

△所舉無遺奔、長策寄臨終　四部縮印河嶽英靈沈氏本、全唐詩並作時危志彌敦、西北未及終。

△未　四部縮印河嶽英靈沈氏本、品彙、詩紀、全唐詩並作不。

△賢智苟有時、貧賤何所論　四部縮印河嶽英靈沈氏本、全唐詩並作進則恥保躬、退乃爲觸藩。

△唯然　四部縮印河嶽英靈沈氏本作嘆惜。全唐詩作歎息。

△我言　四部縮印河嶽英靈沈氏本作其尊。全唐詩作其尊注云本集詠史云荷畚至洛陽，胡馬屯北門。天下裂其土。豺狼滿中原。明夷方濟世，歛翼黃埃昏。披雲見龍顏，始蒙國士恩。位重謀亦深，所舉無遺奔。長策寄臨終，東南不可呑。賢智苟有時，貧賤安所論。惟然嵩山老，而後知我言。

【注】

△畚　蒲器也，爲盛物之器。

△洛陽　故治在今河南省偃師縣東北，以在洛水之陽故名。周公營王城於此，爲東周都城。後漢、西晉、後魏、隋、五代，皆建都於此。

△中原　黃河下游之地，卽河南山東之西部，河北山西之南部，陝西東部等地之稱，每與邊地及蠻夷對言。

△明夷　卦名，離下坤上。夷者傷也，見易序卦。此卦日入地中，其象於人事，爲闇主在上，明臣在下，不敢顯其明智，見易明夷疏。

△黃埃　黃色之塵埃。文選鮑照蕪城賦：「直視千里外，惟見起黃埃。」

△國士　全國推重仰望之士也。戰國策趙策：「智伯以國士遇臣，臣故國士報之。」

△長策　良策，良計，長計也。史記主父偃傳：「靡敝中國，快心匈奴，非長策也。」

△嵩山　在河南省登封縣北，爲五嶽中之中嶽。

宴南亭

寒江映村林。亭上納鮮潔。楚客共閑飲。靜坐金管闋。酣意日入山。暝來雲歸穴。城樓空杳靄。猿鳥備清切。物狀如絲綸。上心爲予決。訪君東溪事。早晚樵路絕。

【校】

△映　全唐詩作暎。文苑英華作暎。

△閑　黃氏本作閒。

△酣意　文苑英華意作竟。

△杳靄　文苑英華靄作蕩。

△鳥　全唐詩同注云一作鳴。文苑英華作鳴。
△備　文苑英華同下注一疑字。
△上　全唐詩同注云一作道。文苑英華作道。
△予　文苑英華作余。
△溪　詩紀作谿。
△絕　全唐詩同注云一作澗。文苑英華作澗。

【注】
△鮮潔　鮮明潔淨。說苑雜言：「蒙不淸以入，鮮潔以出，似善化。」
△楚客　楚地之客。左襄二十六年：「楚客聘於晉。」
△金管　樂器也。江淹爲蕭太傅謝侍中敦勸表：「奏金管於後陣。」
△闋　樂終曰闋。呂氏春秋古樂：「投足以歌八闋。」注：「終也。」史記留侯世家：「歌數闋。」索隱：「謂曲終調也。」故樂歌一終謂之一闋。
△暝　本作冥，幽也，見集韻。又夜也，見玉篇。
△絲綸　謂天子之詔敕也。禮記緇衣：「子曰：王言如絲，其出如綸。王言如綸，其出如綍。」
△東溪　卽宛溪。在今安徽省宣城縣東。
△樵路　樵者所行之小路。

【箋】

△鍾惺云：「飲酒詩，皆如此作。酒豈易飲，覺醉醒二字，膚于言酒。」

放歌行

南渡洛陽津。西望十二樓。明堂坐天子。月朔朝諸侯。清樂動千門。皇風被九州。慶雲從東來。泱漭抱日流。昇平貴論道。文墨將何求。有詔徵草澤。微誠獻謀猷。冠冕如星羅。拜揖曹與周。望塵非君事。入賦且遲留。幸蒙國士識。因脫負薪裘。今者放歌行。以慰梁甫愁。但營數斗祿。奉養每豐羞。若得金音遂。飛雲亦可求。

【校】

△渡　全唐詩同注云一作望。

△西　黃氏本作四。

△十二　品彙作十一。

△被　徐氏本唐文粹作披。

△來　徐氏本唐文粹、全唐詩並作出。詩紀同注云一作出。

△漭　黃氏本、徐氏本唐文粹、詩紀、品彙並作漭。

△貴論道　紀事作論貴道。

△獻謀猷　品彙、紀事並作將獻謀。詩紀、全唐詩作將獻謀注云一作獻謀猷。

△星　徐氏本唐文粹作新。

△君　紀事作吾。詩紀、全唐詩並作吾注云一作君。

△入賦　全唐詩同注云一作職。

△遲留　唐文粹遲作遟。遟同遲。

△營　唐文粹、徐氏本唐文粹並作榮。

△豐　品彙作豊。

△若　品彙、紀事並作願。全唐詩同注云一作願。

△金音　唐文粹、徐氏本唐文粹、紀事、詩紀、品彙、全唐詩音並作膏。

△求　品彙作儔。徐氏本唐文粹、紀事並作籌。詩紀作儔注云一作求。

【注】

△放歌行　樂府瑟調曲名。又名孤兒行。樂府詩集相和歌辭瑟調曲三孤兒行：「孤子生行一曰孤兒行，古辭，言孤兒爲兄嫂所苦，難與久居也。歌錄曰：孤子生行亦曰放歌行。樂府解題曰：鮑照放歌行云：蓼蟲避葵堇。言朝廷方盛，君上好才，何爲臨岐相將去也。」

△洛陽津　洛陽渡口。按洛陽因位於洛水之北而名之。昔周公營王城於此，爲東周都城，後世亦數都於此。

△十二樓　神仙之所居也。漢書郊祀志：「方士有言黃帝時爲五城十二樓，以候神人，名曰迎年。」

應劭注：「昆侖玄圃五城十二樓，仙人之所常居。」

△明堂　明政教之堂也。禮記明堂位：「昔者周公朝諸侯于明堂之位。」釋名：「明堂，高顯貌也，南向曰明。」

△月朔朝諸侯　陰曆每月初一曰朔。皇侃論語疏：「月旦為朔。」禮記：「天子無事與諸侯相見曰朝。」又：「春朝諸侯而圖天下事。」

△清樂　南朝之舊樂。舊唐書音樂志：「清樂者，南朝舊樂也，後魏孝文宣武，用師淮漢，收其所獲南音，謂之清商樂。隋平陳，因置清商署，總謂之清樂。

△千門　宮門也。漢書武帝紀：「作建章宮，度為千門萬戶。」

△皇風　謂天子之德。王者之聲教也。文選班固東都賦：「揚緝熙，宣皇風。」注：「良曰：揚光明之德，布天子之風。」

△慶雲　：瑞雲也。爾雅疏：「五色為瑞雲。」列子湯問：「慶雲浮甘露下。」

△泱漭　無限域之貌。文選張衡西京賦：「山谷原隰，泱漭無疆。」

△文墨　泛指文辭而言。

△謀猷　計劃也。書君陳：「斯謀斯猷，惟我后之德。」蔡傳：「言切於事謂之謀，言合於道謂之猷。」

△冠冕　喻居高位高官也。後漢書郭太傳：「雖有冠冕，而性險害，邑里患之。」

△拜揖　漢史酈食其見沛公長揖不拜注：「揖，讓也，手着胸也。下首曰拜，首至地也。」

△曹與周　疑指漢曹參與周亞夫。曹參，沛人。與蕭何同佐高祖起兵，封建成侯；天下既定，封平陽侯，爲齊相。何卒，入爲漢相，舉事不變，一遵蕭何約束，世稱蕭規曹隨。周亞夫，沛人，勃子。文帝時爲將軍，次細柳以防匈奴；景帝時拜大將軍，討平七國之亂，還拜丞相，封條侯。後被讒坐事入廷尉，不食死。

△望塵　謂迎候顯貴，甫見車塵而遙拜也。晉書潘岳傳：「岳性輕躁，趨世利，與石崇等諂事賈謐，每候其出，與崇輒望塵拜。」

△負薪裘　高士傳：「披裘公者，吳人也。延陵季子出遊，見道中遺金，顧謂公取彼金，公瞋目拂手曰：『何子居之高，視之卑，吾披裘而負薪，豈取遺金者哉。』」按負擔薪樵，賤人也；此謂賤人之衣。

△梁甫　山名，亦作梁父。後漢書光武帝紀：「甲午禪于梁父。」注：「梁父，泰山下小山也。」按在今山東省泰安縣南，接新泰縣界，泰山之支阜也。後有梁甫吟爲樂府楚調曲名，蓋言人死葬此山，亦葬歌也。

△豐羞　豐盛之美味也。晉書樂志：「豐羞萬俎，旨酒千鍾。」

△金膏　猶玉膏、仙藥也。穆天子傳注：「金膏，亦猶玉膏，皆有精汋也。」文選謝靈運入彭蠡湖口作詩：「金膏滅明光，水碧綴流溫。」注：「向白：『金膏，仙藥也。』」

【箋】

△周珽曰：「按少伯以徵草澤遺逸應召，故有此作。前敍朝廷治平，有道氣象。後述己應詔出仕，欲效忠悃，色度冠裳，音調典厚。有眷之作。」

△風騷旨格：「詩有四十門，一曰皇道。詩云：明堂坐天子，月朔朝諸侯。」

送十二兵曹

縣職如長纓。終日檢我身。平明趨郡府。不得展故人。故人念江湖。富貴如埃塵。迹在戎府椽。心遊天台春。獨立浦邊鶴。白雲長相親。南風忽至吳。分散還入秦。寒夜天光白。海靜夜色眞。對坐論歲暮。絃歌起無因。平生馳驅分。非謂盃酒仁。出處兩不合。忠貞何由申。看君孤舟去。且欲歌垂綸。

【校】

△送十二兵曹　詩記、全唐詩、唐詩歸並作送韋十二兵曹。文苑英華作送韋十四兵曹。

△趨　品彙作趣。

△迹　文苑英華、品彙作跡。

△戎府　品彙戎作我。

△椽　文苑英華、詩記、全唐詩並作掾。

△寒夜　文苑英華作夜寒。

△海靜　全唐詩靜作淨。文苑英華靜作淨注云詩選作靜。

△絃歌起無因　唐詩歸作絃悲豈無因。詩紀、全唐詩並作絃悲豈無因，豈下注云一作歌起。文苑英華作絃悲豈無因，豈下注云詩選作歌起。

△馳驅　文苑英華、品彙作驅馳。

△盃　文苑英華、黃氏本、品彙、唐詩歸並作杯。詩紀作悲。全唐詩作桮。

△忠貞　文苑英華貞作直。

△申　品彙、詩紀、全唐東、唐詩歸並作伸。

△孤舟　文苑英華孤作泛。

【注】

△兵曹　漢代掌兵事之官吏，公府之屬。隋唐亦置之。事物紀原撫事長民部兵曹：「漢公府掾史，有兵曹，主兵事。」

△纓　冠系也，見說文。段注：「冠系，可以系冠者也；系者，係也，以二組係於冠，卷結頤下，是謂纓。」

△平明　猶黎明也。

△戎府掾　戎府，唐代兵部之官舍也。掾，古屬官之通稱。正曰掾，副曰屬。

△天台　山名，在浙江省天台縣北，爲仙霞嶺脈之東支，西南接括蒼、雁蕩二山，西北接四明、金

華二山，蜿蜒綿亙，形勢崇偉。相傳漢時有劉晨、阮肇入天台，採藥遇仙故事。陶弘景眞誥謂山有八重，四面如一，當斗牛之分，上應台宿，故曰天台。

△浦　水濱也。

△南風　夏季風自南方吹來，故謂之南風。別名薰風、凱風。

△吳　江蘇省古爲吳地，因別稱曰吳。

△秦　當今陝西長安縣以西皆其地。

△出處　猶言去就進退也。易繫辭：「君子之道，或出或處。」

△垂綸　垂釣也。綸、釣絲也。庾信擬詠懷詩：「赭衣居傅巖，垂綸在渭川。」

【箋】

△鍾惺云：「唐人每押論字，妙在無著落，此論字，插入在中尤妙。」又云：「檢字妙善，看此一字，覺口嘲俗吏者淺甚。」

何九於客舍集

客有住桂楊。亦如巢林鳥。罍觴且終宴。功業曾未了。山月空霽時。江明高樓曉。門前泊舟楫。行次入松篠。此意投贈君。滄波空褭褭。

【校】

△桂楊　文苑英華、全唐詩楊作陽。

△空霽　唐詩選空作風。詩紀、全唐詩空並作風注云一作空。文苑英華霽作齋。

△江明　文苑英華明作月。

△空裊裊　全唐詩同注云一作嫋嫋。文苑英華作風嫋嫋。

【注】

△客舍　供旅客投宿之處也。史記商君傳：「商君亡至關下，欲舍客舍。」

△桂陽　以在桂水之陽，故名。故治在今廣東省連縣。讀史方輿紀要廣東廣州府連州：「桂陽廢縣，漢置。縣屬桂陽郡。」

△罍觴　酒樽及酒杯也。

△舟檝　同舟楫。

△裊裊　與嫋嫋通。風動貌。楚辭九歌湘夫人：「嫋嫋兮秋風。」

從軍行

向夕臨大荒。翊風軫歸慮。平沙萬餘里。飛鳥宿何處。虜騎獵長原。翩翩傍河去。邊聲搖白草。

海氣生黃霧。百戰苦風塵。十年履霜露。雖投定遠筆。未坐將軍樹。早知行路難。悔不理章句。

【校】

△從軍行　紀事、詩記、全唐詩並作從軍行二首。

△翊　品彙、紀事、詩紀、全唐詩並作朔。

△萬餘里　品彙、紀事、詩記、全唐詩並作萬里餘。
△獵　品彙作獵。
△生　品彙作橫。
△苦　紀事作起。
△定　品彙作宗。
△坐　品彙作望。

【注】

△從軍行　樂府平調曲名，樂府解題：「從軍行，皆軍旅苦辛之辭。」
△大荒　極遠之地。山海經大荒東經：「大荒之中有山，名曰含虛，日月所出。」
△翙風　說文：「翙，飛皃。」
△軫　轉也，動也。
△歸慮　歸思也。
△翩翩　欣喜自得貌。又輕疾之貌。
△定遠筆　班超，東漢安陵人。彪子。少傭書養母，旋投筆從戎。明帝時使西域，至鄯善，服于闐，通疏勒，降莎車，走龜玆，斬焉耆王廣，於是西域五十餘國悉納貢內屬。詔以超爲西域都護，封定遠侯。居西域三十一年，年老代還，旋卒。

△將軍樹　後漢書馮異傳：「馮異字公孫，爲人謙退不伐。諸將論功，異獨屏立樹下，軍中號爲大樹將軍。及破邯鄲，乃更部分諸將，各有配隸，軍士皆言，願屬大樹將軍。」

△理章句　謂分析古書之章節句讀也。亦習文研經之意。

【箋】

△對床夜話：「王昌齡從軍行云：『百戰苦風塵，十年履霜露；雖投定遠筆，未坐將軍樹；早知行路難，悔不理章句。』怨其有功未報也。岑參云：『早知逢世亂，少小漫讀書；悔不學彎弓，向東射狂胡。』悲其所遇非時也，意雖反而實同。」

越　女

越女作桂舟。還將桂爲檝。湖上水渺漫。清江不可涉。摘取芙蓉花。莫摘芙蓉葉。將歸問夫壻。顏色何如妾。

【校】

△越女　四部叢刊縮印德化李氏藏述古堂影宋本才調集（簡稱四部縮印影宋本才調集）、明萬曆吳興沈春澤刊本才調集（簡稱沈氏本才調集）並作採蓮曲。全唐詩同注云樂府詩集作採蓮曲。

△檝　黃氏本、詩紀、全唐詩並作楫。

△渺漫　四部縮印影宋本才調集、沈氏本才調集渺並作瀰。

△不可　四部縮印影宋本才調集、沈氏本才調集不並作初。全唐詩不下注云一作初。

△歸　沈氏本才調集作埽。埽，古歸字。

【注】

△桂舟　桂木所造之舟。楚辭九歌湘君：「沛吾乘兮桂舟。」

△檝　同楫。舟旁撥水之具；長者曰櫂，短者曰楫。

△渺漫　渺，水長也。漫，散也，放也。此言水廣遠貌。

△芙蓉　荷也。爾雅釋草：「荷，芙渠。」注：「別名芙蓉。」按亦作夫容。

長歌行

曠野饒悲風。颼颼多蒿草。繫馬倚白楊。誰知我懷抱。所是同抱者。相逢盡衰老。況登漢家陵。南望長安道。下有枯樹根。上有鼯鼠窠。高皇子孫盡。千載無人過。寶玉頻發掘。精靈其奈何。人生須達命。有酒且長歌。

【校】

△多　四部縮印河嶽英靈沈氏本作黃。詩紀、全唐詩並作黃注云一作多。文苑英華作稿（一作黃）。

△倚　文苑英華、全唐詩同注云一作停。

△白楊　四部縮印河嶽英靈沈氏本楊作揚。

△是　全唐詩同注云一作見。

△同抱　文苑英華、品彙、詩紀抱作袍。四部縮印河嶽英靈沈氏本抱作懷。全唐詩作袍注云一作

懷。

△老　品彙作草。

△況　文苑英華、詩紀、全唐詩作北注云一作況。

△下有枯樹根　品彙下作上。文苑英華作上有枯（一作下有古）樹根。

△上有鼴鼠窠　品彙上作下。文苑英華作下有鼴（一作上有）鼷窠。

△鼴　品彙作石。詩紀、全唐詩同注云一作鼷。

△窠　四部縮印河嶽英靈沈氏本作窠。

△子孫　品彙子作干。

△千載　四部縮印河嶽英靈沈氏本載作歲。文苑英華同注云一作古。

△奈何　文苑英華奈作若注云一作奈。

△達命　詩紀同注云一作信。

△長歌　品彙長作高。

【注】

△長歌行　樂府平調曲名。李善文選注崔豹古今注：「長歌言壽命長短定分，不妄求也。古詩長歌正激烈，魏武帝燕歌行、短歌微吟不能長，傅玄豔歌行咄來長歌續短歌；然行聲有長短，非言壽命也。」樂府古題要解：「古辭言榮華不久，當努力爲樂，無至老大乃傷悲也。魏改奏文帝所

賦，言仙道洪濛不可識，當觀聖道而已。若晉陸士衡辭，復言人運短促，當乘閑長歌，不與古文合。」

△飀飀　風聲，謝靈運詩：「騷屑出穴風，飀飀無久搖。」

△蒿草　草名，卽蒿艾，蓬艾也。

△繫馬倚白楊　所以言其蕭索。白虎通：「庶人無墳，樹以楊柳。」

△漢家陵　一統志：「長陵在咸陽縣東三十五里。」

△鼯鼠　卽夷由。俗呼五技鼠。

△高皇　卽高皇帝，漢高祖也。

△寶玉頻發掘　張載七哀詩：「珠柙離玉體，珍寶見標擄。」王莽傳：「赤眉入關，園陵皆發掘。」魏文帝典論：「喪亂以來，漢氏諸陵，無不發掘。」

△精靈　謂鬼神也。吳都賦：「舜禹精靈，留其山阿。」道書：「三魂，一名哀靈，一名胎光，一名幽靈。言人死則有精靈。」

△人生須達命，有酒且長歌　言觀同袍衰老，知吾生之有涯，陵墓摧殘，知榮豪之無益，人固當寄情於酒耳。

【箋】

△劉辰翁曰：「調別亦自好。」

△唐汝詢曰：「調雖率直，古朴可傳。」

△顧璘曰：「此篇雖句健，而少沉實。」

△周珽曰：「起得悲楚酸人，生不保其壽，死不能保其墓，俱懷抱中莫可奈何者，不及時行樂何爲？盡人不免盡人不知。」

潞府客亭寄崔鳳童

蕭條郡城閉。旅館空寒煙。秋月對愁客。山鐘搖暮天。新知偶相訪。斗酒情依然。一宿阻長會。清風徒滿川。

【校】

△煙　唐詩歸、唐詩選、全唐詩並作烟。

△山鐘　黃氏本山作人。

△暮天　品彙暮作春。

△相訪　文苑英華訪作許。

△一宿阻長會　文苑英華作一霄阻良會。

【注】

△潞府　故治在今山西省長治縣。

△客亭　驛站也。送迎使客之所。

【箋】

△鍾惺云：「龍標五言律音節多似古詩，淸古閑情，時見其奧。」

△唐汝詢云：「無聲調無對偶者，仍當歸古。」

灞上閒居

鴻都有歸客。偃臥滋陽村。軒冕無枉顧。淸川照我門。空林網夕陽。寒鳥赴荒園。廓落時得意。懷哉莫與言。庭前有孤鶴。欲啄常翻翻。爲我銜素書。弔彼顏與原。二君旣不朽。所以慰其寃。

【校】

△閒居　詩紀閒作閑。

△顧　品彙作頋。

△荒　品彙作幽。全唐詩同注云一作幽。

△翻翻　品彙、唐詩歸、詩紀、全唐詩、唐詩選並作翩翻。

△銜　品彙作啣。詩紀、唐詩歸、唐詩選並作銜。

△弔　品彙作吊。

△寃　黃氏本、品彙、詩紀、唐詩歸、全唐詩、唐詩選並作魂。

【注】

△灞上　水經注：「滻水歷白鹿原東卽覇川之西，謂之灞上。今在咸寧縣東，接藍田縣界。」

△閒居　獨處也。禮記大學：「小人閒居爲不善，無所不至。」

△鴻都　藏書之處。後漢書儒林傳：「自辟雍、東觀、蘭臺、石室、宣明、鴻都諸藏典策文章，競共剖散。」靈帝紀：「光和元年，始置鴻都門學生。」據此則鴻都與辟雍同，蓋設學而兼藏書者。

△偃臥　臥也。引申爲隱伏、隱居。

△滋陽村　縣名，在河北省行唐縣西。

△軒冕　猶言車服。古制大夫以上官，乘軒服冕，因以指官位爵祿。

△枉顧　枉屈下顧，對人之敬辭也。亦爲屈己下人之辭。

△廓落　空寂也。晉書姚萇載記：「廓落任率，不修行業。」

△翩翩　廣雅釋訓：「翩翩，飛也。」楚辭九章悲回風：「漂翩翩其上兮，翼遙遙其左右。」

△素書　文選古樂府飲馬長城窟行：「呼兒烹鯉魚，中有尺素書。」注：善曰：「素，生帛也。」向曰：「尺素，絹也，古人爲書，多書於絹。」

△顏與原　顏，顏回。春秋魯人，字子淵，亦稱顏淵，孔子弟子。敏而好學，聞一知十，不遷怒，不貳過。貧居陋巷，簞食瓢飲，而不改其樂，孔子稱其賢；早卒，後世尊爲復聖。原，原憲。春秋魯人，或曰宋人。字子思，亦稱原思。孔門弟子，清靜守節，貧而樂道。孔子相魯，憲嘗爲邑宰；孔子卒，憲退隱於衞。

【箋】
△譚元春曰：「所以虛妙有力。」
△對床夜話：「王荊公謂老杜暝色赴春愁，下得赴字，大好。若下見字起字，卽小兒言語。予觀唐詩，知此句乃皇甫冉詩，荊公誤記也。其詩云：暝色赴春愁，歸人南渡頭；渚烟空翠合，湖月碎光流云云。王昌齡亦有寒鳥赴荒園之句，似不逮前。雖句中不可無好字，亦看人用之如何耳。」

洛陽尉劉晏與府椽諸公茶集天宮寺岸道上人房

良友呼我宿。月明懸天宮。道安風塵外。洒掃青林中。削去府縣理。豁然神機空。自從三湘還。始得今夕同。舊居太行北。遠宦滄溟東，各有四方事。白雲處處通。

【校】
△府椽　文苑英華椽作縣。詩紀椽作掾。全唐詩椽作掾注云一作縣。
△岸道上人　文苑英華作岸道人。
△洒　文苑英華、黃氏本、詩紀、全唐詩作灑。
△遠宦滄溟東　文苑英華作遠官滄溟東。

【注】
△天宮寺　在直隸（河行）定興縣東，通新城縣要道。
△府掾　府之下吏也。

△風塵　狀世事之擾攘。

△三湘　謂沅湘、瀟湘、蒸湘。長沙府志：「湘江在縣西，環城而下，湘者相也，言有所合也，長沙舊名臨湘縣本此。三湘者，瀟湘、蒸湘、沅湘也，後人謂湘鄉、湘潭、湘陰者非。」

△太行　即太行山。起河南濟源縣，北入山西晉城縣，迤向東北。述征記：「太行首始河內，北至幽州，凡八陘。」

△滄溟　謂海水也。杜甫詩：「鯨力破滄溟。」

【箋】

△唐汝詢云：「江寧詩有刻意求深者，有草率太淺者，深者晦，淺者俚，去其晦俚，纔是眞詩。」

同府縣諸公送綦毋潛李頎至白馬寺

鞍馬上東門。徘徊入孤舟。賢豪相追送。即棹千里流。赤岸落日在。空波微煙收。薄宦亡機栝。醉來復瀟流。月明見古寺。林外登高樓。南風開長廊。夏夜如涼秋。江水照吳縣。西歸夢中遊。

【校】

△同府縣諸公送綦毋潛李頎至白馬寺　全唐詩、四部縮印河嶽英靈沈氏本、品彙、詩紀、唐詩歸並作東京府縣諸公與綦毋潛李頎相送至白馬寺宿。惟全唐詩另注云一作同府縣諸公送綦毋潛李頎至白馬寺。文苑英華同全唐詩惟無宿字。

△鞍馬　文苑英華鞍作勒注云集作鞍。

△徘徊　全唐詩作裵回。
△棹　全唐詩作櫂。
△赤岸　文苑英華同赤下注云集作遠。品彙岸作峯。四部縮印河嶽英靈沈氏本作峰。全唐詩同注云一作遠峰。詩紀同注云一作遠峯。
△煙　文苑英華作烟。
△薄宦亡機栝　四部縮印河嶽英靈沈氏本、詩紀、全唐詩、唐詩歸並作薄宦忘機括。品彙作宦薄忘機括，文苑英華作官薄亡機括，官下注云集作宦。
△復　品彙、四部縮印河嶽英靈沈氏本並作却。唐詩歸、文苑英華作卽。詩紀、全唐詩並作卽注云一作復。
△淹　文苑英華、詩紀、全唐詩、唐詩歸並作淹。
△林外　品彙外作下。四部縮印河嶽英靈沈氏本外作木。
△長廊　文苑英華、詩紀、全唐詩廊並作廊。
△涼秋　品彙涼作良。
△江水　四部縮印河嶽英靈沈氏本、品彙、詩紀、唐詩歸、全唐詩水並作月。

【注】

△綦毋潛　綦毋，複姓。潛名，字季通，荆南人，至開元中始中進士。爲集賢待制，終著作郎。

△李頎　東川（今四川會澤縣）人，開元十三年登進士，官新鄉尉。

△白馬寺　在河南省洛陽縣東。淸一統志：「漢明帝時，摩騰竺法蘭初自西域以白馬馱經而來，舍於鴻臚寺（爲待四裔賓客之所），遂取寺爲名，創置白馬寺，此僧寺之始也。」按洛陽於天寶元年（七四二）改稱東京，是詩當作於是年二月以後。

△機栝　莊子齊物論：「其發若機栝。」成玄英疏：「機，弩牙也。栝，箭栝也；言發心逐境，速如箭栝，役情拒害，猛若弩牙。」

△淹留　久留也。離騷：「時繽紛其變易兮，又何可以淹留。」王逸注：「淹，久也。」

△吳縣　當今江蘇省崑山縣西。

【箋】

△鍾惺云：「忘機栝生於薄字，可見熱官者，機心機事之所生也。」

△譚元春云：「送者甚衆，以諸公槩之，獨寫綦毋潛李頎，古人筆下嚴冷如此。」

就道士問周易參同契

仙人騎白鹿。髮短耳何長。時余採菖蒲。忽見嵩之陽。稽首求丹經。迺出懷中方。披讀了不悟。歸家問嵇康。嗟余無道骨。發我入太行。

【校】

△就道士問周易參同契　文苑英華作龍道士問易參同契。

△採　唐詩歸作采。

△菖蒲　黃氏本菖作葛。

△稽首　全唐詩稽作稽。

△迺　唐宋詩本、黃氏本、詩紀、唐詩歸、全唐詩並作乃。

△悟　文苑英華作誤。

△家　唐宋詩本作來。

△嵇康　文苑英華、唐宋詩本嵇作稽。

△發　文苑英華作廢。

【注】

△周易參同契　本作參同契，魏伯陽作。書中多言坎離水火龍虎鉛汞之要，爲後世言爐火者之祖。其名參同契者，謂參同周易黃老爐火三家而歸於一，妙契大道也。後蜀彭曉撰周易參同契通眞義三卷，卽注此書者。參同契注本，以此爲最古。

△菖蒲　本草菖蒲：「釋名、昌陽、堯韭、水劍草，時珍曰：菖蒲乃蒲類之昌盛者，故曰菖蒲。又呂氏春秋云：冬至後五十七日菖始生，菖者百草之先生者，於是始耕，則菖蒲昌陽又取於此義也。典術云：堯時天降精于庭爲韭，感百陰之氣爲菖蒲，故曰堯韭。方士隱爲水劍，因葉形也。」

△嵩之陽　嵩，嵩山。陽，水北山南曰陽。此謂嵩山之南也。
△稽首　九拜中至敬之禮也。書舜典：「垂拜稽首。」
△丹經　煉丹之經。神仙傳：「於是八公乃詣王授丹經及三十六水方。」
△嵇康　詳趙十四兄見訪詩注。
△太行　讀史方輿紀要河南名山：「太行山，一名五行山，亦曰王母山，又名女媧山，在懷慶府北二十里，接山西澤州南界，羊腸險道在焉。禹貢曰：太行、恒山至於碣石。」

【箋】

△譚元春云：「發我，妙妙。」

諸官遊招隱寺

山館人已空。青蘿換風雨。自從永明世。月向龍宮吐。鑿井長幽泉。白雲今如古。應眞坐松柏。
錫杖掛牕戶。口云七十餘。能救諸有苦。回指嵓樹花。如聞道場鼓。金色身壞滅。眞如性無主。
僚友同一心。清光遺誰取。

【校】

△掛　詩紀、全唐詩、唐詩選作挂。
△牕　黃氏本、品彙、唐詩選並作窓。全唐詩作窗。詩紀作窻。
△嵓　品彙作岩。詩紀、全唐詩、唐詩選並作巖。

△鼓　品彙作皷。

△僚　全唐詩作僚。

【注】

△招隱寺　在江蘇省鎭江縣南招隱山上。其山元和志謂一名獸窟山，卽隱士戴顒所居。寰宇記謂梁昭明太子讀書處。

△山館　山中之逆旅也。

△青蘿　青色之常青藤也。江淹江上之山賦：「挂青蘿兮萬仞，竪丹石乎百重。」

△永明　南北朝齊武帝年號（公元四八三年）。

△龍宮　謂水中龍神所居也。

△應眞　佛家語。阿羅漢舊譯應眞，見出三藏記。按阿羅漢譯應眞有二義：一謂應受人天供養之眞人。二謂智慧與眞理相應之人也。文選孫綽遊天臺山賦：「王喬控鶴以冲天，應眞飛錫以躡虛。」善注引百法論：「幷及八輩應眞僧。」謂應眞爲羅漢是也。翰注：「得眞道之人，執錫杖而行虛空，故云飛主。」阿羅漢得神足通（六通之一），故能飛行虛空。

△錫杖　僧人所持之手杖也，亦稱禪杖。錫杖經：「佛告比丘，汝等當受持錫杖。所以者何，過去未來現在諸佛皆執故。」毗奈耶雜事：「苾芻（卽比丘）乞食入人家，作聲警覺，拳打門扇。家人怪問，何故打破我門？默而無答；佛言：『不應打門，可作錫杖。』苾芻不解，佛言：『杖頭

安環，圓如盞口，搖動作聲而警覺。』」南海寄歸傳：「言錫杖者，梵云喫棄羅，是鳴聲之義。古人譯爲錫者，意取錫作聲。」

△嵒　通嵒、巖。說文：「嵒，山巖也。」釋文：「嵒本作巖。」

△道場　供養佛之處也。輔行：「場者，俗以爲祭神處，今以供佛之處名爲道場。」

△金色身　佛家語，佛身之色也。楞嚴經：「世尊在大衆，舒金色臂。」

△眞如　佛家語。卽指本體。眞者，眞實之義；如者，如常不變之義。諸法之體性離虛妄而眞實，故云眞；常住而不變不改，故云如。唯識論：「眞謂眞實，顯非虛妄；如謂如常，表無變易。謂此眞實於一切法，常如其性，故曰眞如。」

△僚友　同官者也，同僚也。儀禮士冠禮：「主人戒賓。」疏：「同官爲僚，同志爲友。」

酬鴻臚裴主簿雨後北樓見贈

暮霞照新晴。歸雲猶相逐。有懷晨昏暇。想見登眺目。問禮侍彤襜。題詩訪茅屋。高樓多今古。陳事滿陵谷。地久微子封。臺餘孝王築。徘徊顧霄漢。豁達俯川陸。遠水對秋城。長天向喬木。公門何清靜。列戟森已肅。不歎攜手稀。常思着鞭速。終當拂羽翰。輕舉隨鴻鵠。

【校】

△酬鴻臚裴主簿雨後北樓見贈　品彙贈下注云此篇又見高適集中。全唐詩同注云一作高適詩。

△侍　文苑英華作侍。

△彤襜　黃氏本、詩紀、全唐詩彤並作彤。詩紀、全唐詩襜並作襜。

△今古　品彙、詩紀、全唐詩並作古今。

△徘徊　全唐詩作裴回。

△霄漢　品彙霄作雲。

△秋城　品彙秋作孤。詩記、全唐詩秋並作孤注云一作秋。

△清靜　文苑英華靜作淨。

△歎　品彙作嘆。

△携　全唐詩作攜。

【注】

△鴻臚　官名。卽周官大行人之職。秦稱典客，漢始稱鴻臚；掌朝賀慶弔之贊導相禮。鴻，聲也；臚，傳也。傳聲贊導，故曰鴻臚。太初初，更名大鴻臚，東漢曰大鴻臚卿；自東晉至北宋曰鴻臚卿，有事則置，無事則省。

△主簿　官名。通考職官考：「古者官府皆有主簿一官，上自三公及御史府，下至九寺五監，以至郡縣多置之。所職者簿書，蓋曹掾之流耳。」

△彤襜　彤，丹飾也，見說文丹部。襜，衣蔽前謂之襜，見爾雅釋器。郭注：「今蔽膝也。」按顏注急救篇：「蔽膝者，於衣裳上著之以蔽前也。」

△微子　商紂兄。微，國名；子，爵也。名啓，爲紂卿士。紂淫亂，數諫不聽，去之。周武王滅紂，復其官。周公誅紂子武庚，命微子代殷後，國於宋。按殷微子封地，在今山西省潞城縣東北。

△臺餘孝王築　東京記曰：「汴城上有列仙吹臺，西有牧澤甬道二百里，漢梁孝王所造。今謂之隄，赤城東有繁臺，本吹臺也。」唐書曰：「杜甫少與李白齊名，嘗從白及高適過汴。酒酣登吹臺，慷慨懷古，人莫之測。」按梁孝王，漢文帝第二子，名武。立爲代王，徙淮陽，又徙梁。作曜華宮及兔園，招延四方豪傑；自是山東游士多歸之。栗太子廢，太后欲以爲嗣，爲袁盎等所格，王使人刺殺盎。後入朝，欲留，勿許。歸國卒，謚孝。

△霄漢　謂天際也。

△公門　君門也。論語鄉黨：「入公門，鞠躬如也，如不容。」後泛指官署爲公門。

△森　衆盛貌。

△攜手　二手相攜，喻親愛也。詩邶風北風：「惠而好我，攜手同行。」

△着鞭　猶言握鞭也。

△羽翰　羽翼也。何遜贈韋記室黯別詩：「無因生羽翰，千里暫排空。」

△鴻鵠　卽鵠也。詩幽風九罭：「鴻飛遵渚。」疏：「鴻鵠，羽毛光澤純白，似鶴而大，長頸，肉美。」據疏所述形態，殆與鵠同，朱駿聲說文通訓定聲謂凡鴻鶴連文者卽鵠是也。

風涼源上作

陰岑宿雲歸。煙霧濕松栢。風淒日初曉。下嶺望川澤。遠山無遺明。秋水千里白。佳氣盤未央。聖人在凝碧。關門阻天下。信是帝王宅。海內方晏然。廟堂有奇策。時貞守全運。罷去遊說客。予忝蘭臺人。幽尋免貽責。

【校】

△風涼源　品彙、詩紀、唐詩歸、全唐詩、唐詩選源並作原。

△煙　全唐詩、唐詩選作烟。

△煙霧一作霧露溼　品彙作霧露滋。唐詩歸、唐詩選並作煙霧溼。全唐詩、唐詩選並作烟霧溼。文苑英華同注云集作霧露。

△曉　品彙、詩紀、唐詩歸並作晚。

△無遺明一作晦明　黃氏本作晦明。詩紀、全唐詩並作無晦明，晦下注云一作遺。文苑英華同注云集作晦明。

△秋水　品彙秋作沙。

△關　品彙作闕。

△遊　唐詩選作游。

△全運　文苑英華全作金。

【注】

△風涼源　古地名，在陝西省。水經注：「谿水又西北，左合狗枷川水，水有二源，西川上承磈山之斫盤，次東有苦水，二水合而東北流，逕風涼原西。關中圖曰：麗山之西，川中有阜曰風涼，在磈山之陰，雍州之福地。」

△陰岑　深邃貌。駱賓王帝京篇：「桂殿陰岑對玉樓，椒房窈窕連金屋。」

△宿雲　夜來之雲也。

△未央　漢宮名。在今陝西省長安縣西北長安故城中。

△凝碧　池名。在陝西省長安縣唐之禁苑內。明皇雜錄：「天寶末，祿山陷西京，大會凝碧池，梭園子弟，欷歔泣下。」

△晏然　安然太平也。史記魯仲連傳：「梁王安得晏然而已乎?」

△廟堂　朝廷也。

△時貞　時正也。馮宿星回於天賦：「律應時貞，昭回上清。」

△蘭臺　漢時宮中藏書之處。以御史中丞掌之，後復置蘭臺令史，使典校圖籍，治理文書。唐龍朔二年改秘書省爲蘭臺，咸亨初復舊。按昌齡嘗官秘書省故自稱蘭臺人。

【箋】

△鍾惺云：「秋水千里白，非水也，正寫遠山烟雲氣候之妙，實歷始知，難與痴人說。」

△譚元春云：「幽尋免貽責，有不敢遊樂之意。讀前海內晏然數語，可謂留心經濟，人在山水間，有許多料理，與俗宦不同。」

悲哉行

勿聽白頭吟。人間易憂怨。若非滄浪子。安得從所願。北上太行山。臨風閱吹□。□雲數千里。倏忽還膚寸。觀其微滅時。精義莫能論。百年不容息。是處生草蔓。始悟海上人。辭君永飛遁。

【校】

△勿　全唐詩同注云一作每。文苑英華作每。

△太　唐詩選作大。

△吹□　文苑英華、詩紀、唐詩歸、唐詩選、全唐詩並作吹萬。

△□雲　文苑英華、詩紀、唐詩歸、唐詩選、全唐詩並作長雲。

△精義　文苑英華、全唐詩義並作意。

△容息　文苑英華息作易。

△草蔓　唐詩歸、唐詩選、全唐詩草並作意。

△遁　詩紀、唐詩歸、唐詩選、全唐詩並作遯。

【注】

△悲哉行　樂府雜曲歌名。樂府詩集：「歌錄曰：『悲哉行，魏明帝造。』樂府解題曰：陸機、謝

惠連所賦，皆言客遊感物，憂思而作也。』」

△白頭吟　樂府楚調曲名。西京雜記：「司馬相如將聘茂陵人女爲妾，卓文君作白頭吟以自絕，相如乃止。」一說，白頭吟，疾人相知，以新間舊，不能至於白首，故名。宋鮑照、陳張正見、唐虞世南諸作，皆自傷清直芬馥，而遭鑠金玷玉之謗者，見樂府解題。

△滄浪子　滄浪，水色青也。孟子離婁：「滄浪之水清兮，可以濯吾纓，滄浪之水濁兮，可以濯吾足。」此蓋言任情使物浪跡流俗也。

△閱吹萬　閱，觀也。吹萬，風吹萬竅也。莊子齊物論：「夫吹萬不同，而使其自己也。」疏：「風唯一體，竅則萬殊。」

△膚寸　有限度之長度也。公羊傳：「膚寸而合，太山之雲也。」何休注：「四指爲膚。」

△海上人　秦方士徐福（福亦作市），字君房。始皇時，大宛中多枉死者，有鳥含草覆死人面即活，鬼谷先生謂是東海中祖洲上不死之草，始皇乃遣福求之；福求得童男童女各三千人與偕，乃乘樓船入海，一去不返。見太平廣記。按史記秦始皇紀云：「徐市，齊人，上書言海中有三神山，名曰蓬萊、方丈、瀛洲，請得齋戒與童男女求之。於是遣市發童男女數千人，入海求之。」事與此微異。

【箋】

△譚元春曰：「觀其微滅時二語，與空山多雨雪，同一妙語，勿謂其不敵。」

△鍾惺曰：「空山多雨雪，獨立君始悟，是禪家妙語；此二句（觀其微滅時，精義莫能論），是道家妙語。不容二語妙。」

△唐汝詢云：「想入名理，令人無處捉摸。」

△周敬曰：「讀此詩，覺薑桂之性久而愈辣。」

琴

孤桐秘虛鳴。朴素傳幽眞。髣髴絃指外。遂見初古人。意遠風雪苦。時來江上春。高宴未終曲。誰能辨經綸。

【校】

△朴　全唐詩作樸。

△江山（一作山）　黃氏本、詩紀、唐詩歸並作江山無注。全唐詩作江山注云一作上。

【注】

△孤桐　落葉喬木，其材輕鬆，色白，老則緻密，可造箱篋、琴瑟等。書禹貢：「羽畎夏翟，嶧陽孤桐。」孔傳：「孤，特也。嶧山之陽特生桐，中琴瑟。」按此以材料代器物，指琴也。

△朴素　質朴也。

△初古　古始也。

△高宴　盛大之宴會。

【箋】

△譚元春云：「此等詩，不難於清遠，而難於厚，結尾三字，厚甚。」

△鍾惺云：「微矣，朴素傳幽貞五字，大道理，大文章，人尤說不出。」又云：「彔鼘絃指外，遂見初古人，二語別有領會，可破子瞻：『放在匣中何不鳴，何不從君指上聽。』二語之惑。」

送東林簾上人歸廬山

石溪流已亂。苔逕人漸微。日暮東林下。山僧還獨歸。昔爲廬峯意。況與遠公違。道性深寂寞。世情多是非。會尋名山去。豈復望清輝。

【校】

△簾上人　文苑英華、詩紀、全唐詩簾作廉。

△溪　詩紀作谿。

△苔逕　文苑英華、黃氏本、全唐詩逕作徑。

△廬峯　詩紀廬作蘆。

△清輝　文苑英華輝作煇。

【注】

△廬山　在江西省九江縣南。古有匡俗者，結廬此山，故名廬山，亦稱匡山，又稱廬阜，總名匡廬。朱子以爲卽禹貢之敷淺原。此山三面臨水，西臨陸地，萬壑千巖，煙雲瀰漫，所謂不見廬山

眞面目也。中有白鹿洞、墨池、玉淵諸名勝，西北有牯嶺，爲避暑勝地。

△東林　卽東林寺，在江西九江縣南廬山麓。晉慧遠創建。

△上人　佛家語。謂上德之人也。摩訶般若經：「一心行阿耨菩提多羅三藐三菩提，心不散亂，是名上人。」十誦律：「人有四種：一、麤人，二、濁人，三、中間人，四、上人。」按維摩詰經問疾品：「文殊師利白佛：『世尊，彼上人者，難爲酬對。』」此上人指維摩居士言，蓋謂上德之人也。自鮑照有秋日示休上人詩，此後遂以上人爲僧之專稱矣。

△遠公　晉廬山東林寺慧遠，亦稱遠公，雁南賈氏子。初習儒，通六經及老莊之學，弱冠後從道安大師出家，達大乘奧旨。

△世情　謂世事之情態也。陶潛詩：「林園無世情。」

留別武陵袁丞

皇恩暫遷謫。待罪逢知己。從此武陵溪。孤舟二千里。桃花遺古岸。金澗流春水。誰識馬將軍。忠貞抱生死。

【校】

△暫　文苑英華作暫。

△武陵溪一作溪去　黃氏本、全唐詩並同無注。詩紀溪作谿無注。文苑英華溪作谿注云集作谿去。

△二千　文苑英華作二十。

【注】

△武陵　在今湖南省常德縣。

△待罪　官吏時虞以失職獲罪，故以待罪爲謙辭。

△武溪　一名武水，又名瀘溪。源出湖南乾城縣西武山，東南流經瀘溪縣會沱江入沅水。按馬援征蠻嘗至此。

△桃花遺古岸　桃源經：「桃源山在桃源縣南十里，西北乃沅水曲流，而南有障山，東帶沙羅溪，周三十有二里，卽桃花源也。」按後人相傳，陶潛所記之遺跡，卽桃源山下之桃源洞。陶潛桃花源記：「晉太元中，武陵人捕魚爲業，緣溪行，忘路之遠近，忽逢桃花林，夾岸數百步，中無雜樹，芳草鮮美，落英繽紛，漁人甚異之。復前行，欲窮其林，林盡水源，便得一山，……自云，先世避秦時亂，率妻子邑人，來此絕境，不復出焉，遂與外人閒隔。問今是何世，乃不知有漢，無論魏晉。……」

△金澗　澗之美稱。

△馬將軍　馬援，東漢茂陵人。字文淵。事光武，佐帝破隗囂；又受命征先零羌，肅清隴右；平交阯，立銅柱表功而還，威震南服。拜伏波將軍，封新息侯。嘗謂大丈夫爲志窮當益堅，老當益壯；又謂男兒要當死於邊野，以馬革裹尸還葬，何能臥牀上在兒女子手中邪。後五溪蠻反，年已六十二，自請將兵討之；帝愍其老，未許；援披甲上馬，據鞍顧盼，以示可用；帝笑曰：「矍鑠

哉！是翁也！」乃使帥師出征，中疫卒於軍。

觀江淮名勝圖

刻意吟雲山。尤知隱淪妙。公遠何爲者。再詣臨海嶠。而我高其風。披圖得遺照。援毫無逃境。遂展千里眺。淡掃荆門壁。明標赤城燒。青葱林間嶺。隱見淮海徼。但指香爐頂。無聞白猿嘯。沙門旣云滅。獨往豈殊調。感對懷拂衣。胡寧事漁釣。安期始遺舄。千古謝榮耀。投迹庶可齊。滄浪有孤棹。

【校】

△名勝圖　四部縮印河嶽英靈沈氏本勝作山。

△吟雲山　黄氏本作雲吟山。

△尤知隱淪妙　四部縮印河嶽英靈沈氏本作尤愛丹青妙。

△公遠何爲者，再詣臨海嶠　黄氏本、品彙、詩紀、唐宋詩本、全唐詩公遠並作遠公，餘同。四部縮印河嶽英靈沈氏本作稜層列林巒，微茫出海嶠。

△風　四部縮印河嶽英靈沈氏本作人。

△披圖得遺照　四部縮印河嶽英靈沈氏本作揮毫發幽眇。

△援毫無逃境　四部縮印河嶽英靈沈氏本作持此尺寸圖。

△遂　四部縮印河嶽英靈沈氏本作盆。

△荊門壁　詩紀、唐宋詩本、全唐詩壁並作煙。四部縮印河嶽英靈沈氏本作霏素烟。
△明標赤城燒　四部縮印河嶽英靈沈氏本作濃抹映殘照。
△青葱林間嶺　黃氏本葱作蒠。四部縮印河嶽英靈沈氏本作方溯江漢流。
△隱見　四部縮印河嶽英靈沈氏本隱作忽。
△但指香爐頂，無聞白猿嘯　品彙嘯作笑。四部縮印河嶽英靈沈氏本作湘纍謾興哀，英皇復誰吊。
△沙門　四部縮印河嶽英靈沈氏本作遐蹤。
△榮耀　四部縮印河嶽英靈沈氏本耀作曜。
△迹　詩紀、唐宋詩本、全唐詩並作跡。

【注】

△江淮　謂長江與淮水也。
△刻意　謂刻削其意志，使不外騖也。莊子刻意：「刻意尚行。」疏：「刻，削也。意，志也。」
△隱淪　謂幽隱沈淪。文選鮑照行藥至城東橋詩：「孤賤長隱淪。」
△荊門　在湖北省宜都縣西北，長江南岸。與北岸虎牙山相對，頂有石，橫跨如橋，謂之仙人橋。山下水勢湍急，爲長江絕險處。
△赤城　在浙江省天臺縣北，一名燒山。登天臺山者必先經此山，山土色赤，狀如雉堞。西有玉京洞，道書以爲第六洞，卽天臺山之南門。

△淮海　卽淮水，亦曰淮河。發源於河南省之桐柏山，受汝、潁、肥、渦諸水，經安徽江蘇兩省之北部，舊時東入於海；自宋以來六百年間，黃河南竄，入海之道被奪；淸咸豐初年，黃河北徙，淮水故道，闢爲阡陌。遂鬱積於洪澤一湖，東往運河，歸墟長江；至民國二十三年始導之於海。

△徼　塞也，立木柵爲蠻夷界。

△沙門　梵語，出家修道者之稱。翻譯名義集：「沙門或云桑門，此言功勞，言修道有多勞也。阿含經：『捨離恩愛，出家修道，攝御諸根，不染外欲，慈心一切，無所傷害，遇樂不欣，逢苦不戚，能忍如地，故名沙門。』或以沙門翻勤息，謂勤行衆善，止息諸惡也。」

△滅　滅度也，梵語涅槃之義譯，謂滅煩惱度生死海也。涅槃經：「滅生死故，名爲滅度。」

△胡寧　何曾也。

△安期始遺舃　舃，俗作舄，履也。周禮天官屨人注：「複下曰舃。」古今注：「舃，以木置履下，乾腊不畏泥溼也。」安期，卽安期生，秦瑯琊人。受學於河上丈人，賣藥海邊，時人皆呼千歲公。始皇東遊，與語三日夜，賜金帛數千萬，皆置之而去，留書幷赤玉舃一量爲報曰：「後數十年求我蓬萊山下。」始皇遣使者入海求之，未至輒遇風波而返。漢武帝時，李少君言於帝曰：「臣遊海上，見安期生食巨棗如瓜。」

△投跡　文選揚雄解嘲：「欲談者卷舌而同聲，欲步者擬足而投跡。」注：翰曰：「投跡謂觀事變而隨行之。」

△滄浪　水名，亦作蒼浪。書禹貢：「嶓冢導漾，東流爲漢，又東爲滄浪之水。」

緱氏尉沈興宋置酒南溪留贈

林色與溪古。深篁引幽翠。山樽在漁舟。棹月情已醉。始窮清源口。壑絶人境異。春泉滴空崖。萌草坼陰地。久之風榛寂。遠聞樵聲至。海鷗時獨飛。永然滄洲意。古時青冥客。滅迹淪一尉。五子躊躇心。豈其紛埃事。緱岑信所尅。濟北余乃遂。齊物可任今。息肩理猶未。卷舒形性表。脫略賢哲議。仲月期角巾。飯僧嵩陽寺。

【校】

△沈興宋　文苑英華、品彙、詩紀、三昧集、唐詩歸、唐詩選、全唐詩宋並作宗。

△溪　詩紀、三昧集、唐詩歸、唐詩選、全唐詩並作谿。

△引　品彙作隱。

△山樽　品彙、唐詩選、全唐詩樽並作尊。

△始　四部縮印河嶽英靈沈氏本作如。

△壑　文苑英華、品彙作壑。全唐詩作谿。

△崖　四部縮印河嶽英靈沈氏本作厓。

△萌草　唐詩選草作艸。

△坼　黃氏本、品彙、三昧集、唐詩歸、詩紀、唐詩選、全唐詩並作拆。四部縮印河嶽英靈沈氏本

作圻。

△榛　文苑英華同下注一疑字。

△海鴈　四部縮印河嶽英靈沈氏本、唐詩選、全唐詩鴈並作雁。

△滄洲　四部縮印河嶽英靈沈氏本洲作州。

△迹　文苑英華、品彙、詩紀、三昧集、唐詩選、全唐詩並作跡。

△五子　黃氏本、品彙五並作王。文苑英華、詩紀、唐詩歸、唐詩選、全唐詩、四部縮印河嶽英靈沈氏本五並作吾。

△躊躇　品彙躇作蹰。

△緱岑　唐詩選岑作峰。詩紀、唐詩歸、三昧集岑並作峯。全唐詩岑作峯注云一作岑。

△尅　唐詩選作克。

△濟北　品彙北作比。

△余　品彙作予。詩紀、三昧集、唐詩歸並作餘。

△可任今　四部縮印河嶽英靈沈氏本、品彙、三昧集、唐詩歸、唐詩選並作意已會。詩紀、全唐詩並作意已會注云一作可任今。

△仲月　四部縮印河嶽英靈沈氏本、品彙仲並作乘。全唐詩同注云一作乘。

△嵩陽寺　品彙陽作易。

【注】

△緱氏　古地名。本春秋滑國地，後爲緱氏邑。漢置緱氏縣，並以山名，宋廢。故城在今河南省偃師縣南。

△沈興宗　字季長，與李華同時。按華趙州贊皇人。舉開元二十三年進士，天寶二年博學宏詞，皆爲科首，累官司封員外郎。大歷初卒。

△南溪　在今四川省瀘縣之西，位長江北岸，故治在今治西。

△深篁　說文：「篁，竹田也。」漢書服虔注曰：「篁，竹叢也。」深篁，卽稠密之竹叢。

△山樽　周禮司尊彝註：「山尊，山罍也，明堂位曰：泰，有虞氏之尊也。山罍，夏后氏之尊。山罍亦刻而畫之，爲山雲之形。」

△棹月　棹，引舟也。棹月卽月中行舟也。

△坼　裂也，開也。

△陰地　非向陽之地。

△滄洲　謂水限之地；常用以稱隱者之居。南史袁粲傳：「嘗作五言詩，言『訪迹雖中宇，循寄乃滄洲。』蓋其志也。」

△青冥客　青冥，古劍名。古今注輿服：「吳大皇帝有寶劍六，一曰白虹，二曰紫電，三曰辟邪，四曰流星，五曰青冥，六曰百里。」按此蓋喻英雄豪傑。

△五子　並名之五人也。春秋時齊管夷吾、甯戚、隰朋、賓胥無、鮑叔牙稱五子。

△躊躇　逸豫自得也。

△岑　山小而高也。見說文。

△紛挨　喻俗事紛雜。

△緱岑　一統志：「在偃師縣，周靈王太子昇仙之所。」

△濟北　濟水之北也。濟水源出河南省濟源縣西王屋山；其故道過黃河而南，東流入今山東省境，在齊界曰齊濟，在魯界曰魯濟，亦稱沇水；其下東北流，與黃河並行入海。今其上游發源處尚存，而下游爲黃河及大小清河所奪。

△齊物　莊子齊物論郭注：「夫自是而非彼，美己而惡人，物莫不皆然，故是非雖異，而彼我均也。」按此篇始出喪我，終明物化，泯滅彼此，排遣是非，故曰齊物。

△息肩　謂得休息，如弛其負擔也。

△卷舒　猶屈伸也。

△仲月　仲春之月，陰曆二月也。

△角巾　巾之有角者。晉書羊祜傳：「既定邊事，當角巾東路歸故里。」按角巾爲古隱居者所用。此蓋言將歸隱嵩陽寺也。

△飯僧　給食僧侶也。此喻將出家修行。

△嵩陽寺　在河南省登封縣北。後魏太和年中建，宮前有石幢，載唐玄宗求仙得藥故事；境內有古柏三株，傳漢武帝登嵩山時封。

【箋】

△譚元春云：「未能息肩，着一理字妙，凜然有再三之想，可見詩中何嘗不涉理。」

△鍾惺云：「緱氏尉置酒，乃有此清思奧理，只如游覽閑居之作，想其胸中不喧不雜。」

奉贈張荆州

祝融之峯紫雲銜。翠如何其雪嶄嵒。邑西有路緣石壁。我欲從之臥穹嵌。魚有心兮脫網罟。江無人兮鳴楓杉。王君飛舄仍未去。蘇躭宅中意遙緘。

【校】

△銜　徐氏本唐文粹、黃氏本、詩紀、唐詩選、全唐詩並作衘。

△嶄　唐詩選作嶃

△嵒　唐文粹、徐氏本唐文粹、詩紀並作喦。品彙作巖。

△壁　全唐詩作辟。

△穹嵌　品彙穹作窮。

△網　唐文粹、黃氏本並作綱。

△飛舄　唐文粹、徐氏本唐文粹、品彙並作鳥。全唐詩同注云一作鳥。

△宅中　唐詩選中作畔。

【注】

△張荊州　昌齡友，治襄陽，今湖北省襄陽縣治。

△祝融之峯　即祝融峯，爲南嶽衡山最高之峯。在湖南省衡山縣西北，上有青玉壇及望日、望月二臺，又有祝融墓。

△嶄喦　即嶄巖。文選司馬相如上林賦：「嶄巖嵾嵯。」注：「峯嶺之貌也。嶄，仕銜切。」按與巉巖同義，猶云峻險也。文選宋玉高唐賦：「登巉巖而下望兮。」注：「巉巖，石勢，不生草木。」

△穹嵌　山高險也。陶翰遊田司直別業序：「因曲岸而捫穹嵌，忽升絕頂。」

△網罟　捕魚及禽獸具。網疏而罟密。

△王君飛舄　王喬，東漢河東人。顯宗時爲葉令，有神術。每月朔望，常自縣詣臺朝帝；帝怪其來數而不見車騎，令太史伺望之，言其臨至，輒有雙鳧從東南飛來。於是候鳧至，舉羅張之，但得一隻舄焉，則尚書官署所賜履也。或云此即古仙人王子喬也。見後漢書本傳。按王子喬，周靈王太子，名晉。好吹笙，作鳳鳴。遊伊、洛之間，道士浮丘公引上嵩山，修煉二十年；後在緱氏山巔乘白鶴仙去。見列仙傳。

△蘇躭　蓋即蘇仙公，漢桂陽人。以仁孝聞，文帝時得道。將仙去，告母曰：「明年天下疾疫，庭中井水，簷邊橘樹，可以代養。井水一升，橘葉一枝，可療一人。」遂昇雲漢而去。至期，果

疫；母如言療之，皆瘉。久後有白鶴來止城郭，人欲彈之，鶴以爪書云：「城郭是，人民非，三百甲子一來歸；吾是蘇君，彈我何爲？」見神仙傳。按桂陽列仙傳謂蘇仙公名耽；御覽謂名林，字子元，周武王時濮陽曲水人，未知孰是。元和志謂蘇仙公故宅在湖南郴州（今爲郴縣）城東半里；方與勝覽謂即今開利寺。

箜篌引

盧溪郡南夜泊舟。夜聞兩岸羌戎謳。其時月黑猿啾啾。微雨沾衣令人愁。有一遷客登高樓。不言不寐彈箜篌。彈作蘇門葉葉秋。風沙颯颯青塚頭。將軍鐵驄汗血流。深入匈奴戰未休。黃旗一點兵馬收。亂殺胡人積如丘。瘡病驅來役邊州。仍披漢北羔羊裘。顏色飢枯掩面羞。眼匡淚滴深兩眸。思還本鄉食氂牛。欲語不得指咽喉。或有强壯能咿嚘。意說被他邊將讎。五世屬藩漢主留。碧毛氈障河曲遊。橐駝五萬部落稠。敕賜飛鳳金兜鍪。爲君百戰如過籌。靜掃陰山無鳥投。家藏鐵券持承優。黃金百斤不稱求。九族分離作楚囚。深溪寂寞絃苦幽。草木悲感聲颼飀。僕本東山爲國憂。明光殿前論九疇。麓讀兵書盡冥搜。爲君掌上施權謀。洞曉山川無與儔。紫宸詔發遠懷柔。搖筆飛霜如奪鈎。鬼神不得知其由。憐愛蒼生比蚍蜉。朔河屯兵須漸抽。盡遣降來拜御溝。便令海內休戈茅。何用班超定遠侯。史臣書之得已否。

【校】

△箜篌　黃氏本篌作簇。品彙侯作篌。

△盧溪　唐文粹、徐氏本唐文粹、詩紀、全唐詩、唐詩選溪並作谿。紀事作瀘谿。

△泊舟　全唐詩同注云盧谿在辰州龍標故地，卽馬援歌中武溪水所出也；或作瀘溪者非。

△兩岸　唐文粹、徐氏本唐文粹、紀事兩並作南。全唐詩同注云一作南。

△羌　紀事、唐詩選並作羌。全唐詩作羗。

△猿　唐詩選作蝯。

△沾衣　唐文粹、徐氏本唐文粹、詩紀、全唐詩、唐詩歸、唐詩選沾並作霑。

△寀　唐文粹、品作寀。

△蘇門葉葉秋　唐文粹、徐氏本唐文粹、詩紀、品彙、紀事、唐詩歸並作薊門桑葉秋。唐詩選蘇作薊。全唐詩作薊門桑葉秋，桑下注云一作葉。

△青塚　起事、唐詩選塚並作冢。

△驄　紀事、唐詩歸作驄。黃氏本、徐氏本唐文粹、品彙並作驄。

△丘　唐詩選作北。

△役　唐文粹、徐氏本唐文粹、紀事、唐詩選並作配。詩紀同注云一作配。全唐詩作配注云一作役。

△羔羊　唐文粹、詩紀作羊羔。

△飢　詩紀、紀事、唐詩歸並作饑。

△匡 黃氏本作匡。唐文粹、徐氏本唐文粹、詩紀、紀事、全唐詩、唐詩歸、唐詩選並作眶。

△淚滴 唐文粹、詩紀、紀事並作滴淚。

△思還 唐文粹、徐氏本唐文粹、品彙、紀事並作還思。

△鷩 紀事、唐詩歸、唐詩解並作鼇。

△咿嘎 徐氏本唐文粹、詩紀咿並作伊。

△邊 唐詩選作邊。

△鏈 黃氏本、紀事作讐。

△藩 唐文粹、徐氏本唐文粹、紀事並作蕃。

△氈 唐文粹、徐氏本唐文粹、詩紀、紀事、品彙、唐詩選並作氈。全唐詩作氊。氊、氈並爲氈俗字。

△障 唐文粹、徐氏本唐文粹、詩紀、紀事、全唐詩、唐詩歸、唐詩選並作帳。

△遊 唐詩選作游。

△槖馳 唐文粹作槖駝。品彙作槖馳。徐氏本唐文粹槖作橐。紀事、唐詩歸、唐詩選並作槖駝。

△勑 詩紀作敕。紀事、全唐詩、唐詩選並作勑。

△兕 紀事、唐詩選作兕。

△劵 徐氏本唐文粹作卷。

△持　唐文粹、徐氏本唐文粹、詩紀、紀事、全唐詩、品彙、唐詩歸、唐詩選並作特。
△百斤　唐文粹、徐氏本唐文粹、紀事、唐詩歸、唐詩選百並作千。詩紀、全唐詩百作千注云一作百。
△深溪　唐文粹、徐氏本唐文粹、詩紀、紀事、全唐詩、唐詩歸、唐詩選溪並作谿。
△絃　唐詩選作弦。
△颼飀　紀事、唐詩選並作颼颼。
△東山　唐文粹、徐氏本唐文粹、紀事並作山東。全唐詩同注云一作山東。
△鹿　紀事作麤。
△詔發　唐文粹、徐氏本唐文粹、紀事並作發詔。
△朔河　唐文粹、徐氏本唐文粹、紀事朔並作緣。詩紀、全唐詩同作朔注云一作緣。
△班超　黃氏本、品彙班作斑。
△否　徐氏本唐文粹、詩紀、全唐詩並作不。

【注】

△箜篌引　樂府相和六引之一，一曰公無渡河。古今注：「箜篌引者，朝鮮津卒霍里子高妻麗玉所作也。子高晨起刺船，有一白首狂夫，被髮提壺，亂流而渡，其妻隨而止之，不及，遂墮河而死，於是援箜篌而歌曰：「公無渡河，公竟渡河。墮河而死，當奈公何！」聲甚悽慘，曲終，亦

投河而死。子高還以語麗玉，麗玉傷之，乃引箜篌而寫其聲，名曰箜篌引。按樂府相和曲箜篌引不載此篇，此爲遷客怨憤之詞。先訴邊將功寵而受誅夷，因及己之運籌佐治，而未蒙厚封也，言當盧谿夜泊，戎謳雜作，月黑猿哀，雨溼愁深。遷客臨此，詩何以堪！乃登樓而彈箜篌之曲。忽聞風沙颯颯。邊涼密布，則有將軍策馬深入，殺胡如麻。創病之虜，驅之邊州。面無人色，欲還不得。亦有壯虜陳述漢恩，部落沐賜，感其榮渥。惟此將軍，百戰功高，遂膺殊錫，恩紀誠深，奈何一旦誅逐橫加，悽絃哀訴，無知草木，亦爲愁泣。曲終嗚憤，則遷客之自訴。謂今方東山養晦，昔日嘗參朝奏，嫻熟兵謀，抵掌談論，通曉形勢。曾頒懷遠之詔，奮我威肅之筆。神鬼莫測，蒼生獲拯。屯兵納降，以安海內。復何必拓邊定遠，以貪封侯之賞，有識史臣，不將紀其治平之功乎？

△盧溪　故治在今湖南省瀘溪縣西南。清改盧爲瀘，屬辰州府。唐書地理志：「辰州盧溪郡本沅陵郡，天寶元年更名，有盧谿縣。」

△啾啾　猨聲。

△薊門　又作薊邱，薊丘，在北平德勝門外西北。今名土城關，爲古薊門遺址。唐太宗詩：「寒驚薊門葉。」

△桑葉秋　曲名也。淮南子說山：「故桑葉落而長年悲也。」注：「桑葉時將菇落，長年懼命盡，故感而悲也。」

△颯颯　廣雅釋訓：「颯颯，風也。」

△青冢　漢昭君墓。在今綏遠省歸綏縣城南。清一統志：「青冢在歸化城南二十里，蒙古名特木爾烏爾虎。大同府志：『塞草皆白，惟此冢草青，故名。』昭君死，葬黑河岸，朝暮有愁雲怨霧覆冢上。」

△鐵驄　青黑色之馬。

△黃旗　天子之旗也。尉繚子經辛：「中軍黃旗，辛戴黃羽。」

△氂牛　漢書郊祀志顏師古注：「氂牛，西南夷長尾髦之牛也。」

△咿嚘　廣韻：「𠲰嚘，歎也，亦作咿嚘。」

△漢主留　謂皆漢主之恩所遺留也。

△河曲　黃河自山西永濟折而東，經風陵渡入芮城縣成一曲形，故曰河曲。

△槖駝　亦作駱駝。史記匈奴傳：「其奇畜則槖駝。」注：「槖駝背肉似槖，故云槖也。」按作槖者俗字，見字彙補。馳者或字，見集韻。

△勑賜　說文：「勑，勞也。」即犒勞賞賜也。

△兜鍪　戰時禦兵刃之冠也。古謂之胄，秦漢以來始名兜鍪，取其形如鍪也，俗謂之盔。後書袁紹傳：「紹脫兜鍪抵地。」

△如過籌　籌，計數之具也。言如籌之終而復始，迭相繼續也。

△靜掃陰山無鳥投　漢書匈奴傳下：「侯應曰：『臣聞北邊塞至遼東外有陰山，東西千餘里，草木茂盛多禽獸。」

△鐵券　古以頒賜功臣者。其本人及其後世如遇犯罪，則以鐵券爲證，得推念其功，予以赦減。取堅久之義，故以鐵爲之。按又作鐵契。漢書高帝紀：「高祖與功臣剖符作誓，丹書鐵契，金匱石室，藏之宗廟。」

△特承優　言特承優渥之恩也。

△不稱求　不稱邊將之求也。

△九族　書堯典：「以親九族。」傳：「以睦高祖玄孫之親。」釋文：「九族，上自高祖，下至玄孫，凡九族，馬鄭同。」

△楚囚　本謂楚國之浮囚，後借用爲窘迫無計者之稱。左傳成九年：「鄭人所獻楚囚也。」世說言語：「當共勠力王室，克服神州，何至作楚囚相對。」

△飀飀　風聲。文選左思吳都賦：「飈瀏飀飀，鳴條律暢。」

△東山　世說賞譽篇：「若安石東山志立，當與天下共推之。」按東山，詩豳風篇名。序周公東征，三年而歸，慰勞征歸之士，大夫美之，故作是詩。

△明光殿　張衡西京賦：「屬長樂與明光。」薛綜曰：「明光，殿名也。」

△九疇　禹治洪水，天所賜禹言大法九類也。書洪範：「天也錫禹洪範九疇，彝倫攸敘。初一曰五

行，次二曰敬用五事，次三曰農用八政，次四曰協用五紀，次五曰建用皇極，次六曰乂用三德，次七曰明用稽疑，次八曰念用庶徵，次九曰嚮用五福，威用六極。」傳：「天與禹洛出書，神龜負文而出，列於背有數至於九，禹遂因而第之，以成九類。」疏：「疇是輩類之名，言其每事自相爲類者九，九者各有一章，故漢書謂之爲九章。」

△篪　竹高篋也，以竹鹿聲，見說文。桂注引楚辭九歎注：「方爲筐，圓爲篪。」

△洞曉山川無與儔　後漢書馬援傳：「援於帝前聚米爲山谷，開示衆軍所從道經往來，分析曲折照然。」

△紫宸　唐殿名。唐會要：「龍朔三年四月，始御紫宸殿聽政。」

△懷柔　來安也，和柔也。卽招來遠方異域，使之歸附之義。

△蚍蜉　蟻之一種。體黑色，有光澤。巢多營於松樹之根，於松樹有害。爾雅釋蟲：「蜉，大螘。」注：「俗呼馬蚍蜉。」傅玄短歌行：「蚍蜉愉樂，粲粲其榮。」

△抽　拔也，除也。

△御溝　本謂溝之流經御苑者，此則專指京闕。二句言不用屯戍而遠人自服，望闕拜舞也。

【箋】

△譚元春云「其時夜黑猿啾啾，此爲煉詞鍊格者所不肯寫入，本詩中翻以此等爲活眼。」

△鍾惺云：「歌行長篇悲壯，理極緊密，法極深老，故不懈，不矗，不宜草草看之。」

△昭昧詹言：「王龍標箜篌引，商調抗墜，自有奇氣。」
△趙秋谷所傳聲調譜：「此詩芷同陸渾山火句法，假借處此詩更同。」

烏栖曲

白馬逐朱車。黃昏入狹邪。柳樹烏爭宿。未得歸上屋。東房少婦婿從軍。每聽烏啼知夜分。

【校】
△栖　全唐詩作棲。
△朱車　品彙朱作牛。
△狹邪　品彙、唐詩歸邪並作斜。全唐詩同注云一本重狹邪二字。
△柳樹　品彙作狹斜柳對。唐詩選作狹邪柳樹。
△未得歸上屋　品彙、詩紀、全唐詩、唐詩歸、唐詩選並作爭枝未得飛上屋。
△婿　詩紀、全唐詩、唐詩選並作壻。
△烏啼　黃氏本烏作鳥。唐詩選啼作唬。

【注】
△烏棲曲　樂府西曲歌名。鄭樵通志遺聲序論列爲鳥獸二十一曲之一。陳後主、江總等有棲烏曲，中言兒女遊冶行樂之事爲多。
△朱車　貴顯者所乘車也。

△狹邪　邪通斜。謂狹路曲巷也。山堂肆考：「狹斜子，巷居之人也；古詩：『寄言狹斜子，詎知隴道難。』」按樂府有相逢行，一名相逢狹路間行，亦名長安有狹斜行；其詩首二句：「相逢狹路間，道隘不容車。」其中又有「堂上置尊酒，作使邯鄲倡。」之句，亦爾時豪貴家通常行樂之事。後人專謂狎妓曰狹斜遊。摭言：「杜牧爲狹斜遊，無虛夕。」蓋竟以狹斜爲妓所居，以狹斜遊爲狎妓，自唐已然。

△東房　正寢東廂之夾室也。

△夜分　夜半也。

【箋】

△胡應麟曰：「少伯烏栖曲，有韻有神，可追蹤太白。」

△唐汝詢云：「要言不煩，正樂府本色。」

△蔣一葵云：「此詩妙在有意無意之間。」

△徐中行曰：「閨思悄然。」

△陳繼儒云：「龍標天才流麗，音唱疏越，七言古長篇如箜篌引，理極緊密，法極深老。短篇如烏栖曲，城傍曲，格極鎔鍊，詞極雄渾，自是盛唐堂上人。」

△譚元春曰：「句巧昵昵有情。」

△鍾惺曰：「末句之妙在言外。」

城傍曲

秋風鳴桑條。草白狐兔驕。邯鄲飯來酒未消。城北原平掣皂鵰。射殺空營兩騰虎。迴身却月佩弓弰。

【校】

△城傍曲　玻璃版唐人選唐詩作邯鄲少年行。

△傍　四部縮印河嶽英靈沈氏本、李于鱗唐詩選並作徬。

△桑　玻璃版唐人選唐詩作桒。

△草白　玻璃版唐人選唐詩作白草。

△飯一作飽　四部縮印河嶽英靈沈氏本同無注。黃氏本、品彙、詩紀、玻璃版唐人選唐詩、李于鱗唐詩選飯並作飲無注。全唐詩作飲注云一作飯，又作飽。

△鵰　玻璃版唐人選唐詩作雕。

△射殺空營兩騰虎　品彙射作䠶。玻璃版唐人選唐詩作走馬穿團射騰虒。

△廻身　玻璃版唐人選唐詩廻作翻。李于鱗唐詩選廻作迴。

△弓弰　品彙、李于鱗唐詩選弰作鞘。

【注】

△城傍曲　城傍，城墻之傍也。曲，文體明辯樂府：「高下長短，委曲盡情以道其微，書曰曲。」

△原平　漢書地理志：「太原郡有原平縣。」

△掣　牽曳也，取也。

△皂鵰　埤雅：「雕似鷹而大黑色，俗呼皂鵰。」

△射殺空營兩騰虎　史記：「李廣居右北平射虎，虎騰傷廣，廣亦竟射殺之。」後漢書：「延岑還戰逢安，空營擊之。」言箭聯雙虎也。

△卻月　謂半月形也。

△弓弰　弰，弓末也，見集韻。庾信詩：「明月動弓弰。」全句謂嚮月而歸，極寫其得意之狀。

【箋】

△蔣一梅云：「壯武如題。」

△李夢陽云：「悲壯眞盛唐風韻。」

△周珽云：「當木落草枯，狐兔肥健，乘醉出獵，搏殺禽獸而歸，翩翩得意。從獵客實境，寫就一幅觀獵圖，不纖不詭，意味沉涵。」

△黃家鼎云：「莫尋其趣，自有一種氣骨。」

△焦竑曰：「描得出。」

△沈德潛唐詩別裁：「猶齊風子之還，盧令令等篇。」

△吳昌祺云：「言木落草枯，狐兔狡健，獵者乘醉而來，手接皂雕，箭聯雙虎，嚮月而歸，得意如

此。」

客廣陵

樓頭廣陵近。九月在南徐。秋色明海縣。寒煙生里閭。夜帆歸楚客。昨日度江書。爲問易名叟。垂綸不見魚。

【校】

△寒煙　品彙、三昧集、全唐詩、唐詩歸、唐詩選煙並作烟。

△度　文苑英華、三昧集、唐詩歸、唐詩選並作渡。

【注】

△廣陵　故城在今江蘇省江都縣東北。

△南徐　今江蘇省鎮江縣地。

△易名　史記：「范蠡乘扁舟，遊五湖，變名易姓。」

送李濯遊江東

清洛日夜漲。微風引孤舟。離腸便千里。遠夢生江樓。楚國棖橘暗。吳門煙雨愁。東南具今古。歸望山雲收。

【校】

△李濯　紀事濯作灌。詩紀、三昧集、全唐詩、唐詩歸、唐詩選濯並作擢。

△遊　唐詩選作游。
△離腸　紀事、三昧集、唐詩選腸並作觴。詩紀、全唐詩同注云一作觴。文苑英華腸作傷。
△棖橘　文苑英華、黃氏本、詩紀、紀事、品彙、全唐詩、三昧集、唐詩歸、唐詩選棖並作橙。
△煙雨　唐詩歸、唐詩選煙並作烟。
△今古　文苑英華作古今。
△收　紀事、三昧集、唐詩歸、唐詩選、文苑英華並作秋。詩紀、全唐詩並作秋注云一作收。

【注】

△江東　謂大江下游之地也。
△洛　洛水也。源出陝西省雒南縣冢嶺山，東南流入河南省境，經盧氏縣熊耳山，又經洛寧縣，至宜陽縣，納澗水，經洛陽縣，納瀍水，經偃師縣，納伊水，至鞏縣，入黃河。
△吳門　今江蘇省吳縣地之別稱。

【箋】

△譚元春云：「遠夢生江樓一語，凄然而清絕。」
△鍾惺云：「深情孤調。」

靜法師東齋

築山在人境。遂得眞隱情。春盡草木變。雨來池館清。琴書全雅道。視聽已無生。閉戶脫三界。

白雲自虛盈。

【校】

△築山　詩紀、唐詩歸山作室。全唐詩山作室注云一作山。

△脫　品彙作晚。

【注】

△法師　精通佛法爲人之師者稱法師。法華經法師品說五種法師，一受持，二讀經，三誦經，四解說，五書寫是也。

△雅道　風雅之事也。江總莊周頌：「丹青可久，雅道斯存。」

△三界　佛家語。凡夫生死往來之世界，分之爲三：一、欲界，爲有淫欲與食欲之衆生住所，上自六欲天，下迄無間地獄。二、色界，色爲質礙之義，有形之物質也。此界在欲界之上，爲無淫、食二欲之衆生住所，其身體及宮殿國土之物質，皆極精好。此界由禪定之淺深麤妙分爲四級，謂之四禪天。三、無色界，在色界之上，此界無一切物質，無所謂身體，亦無所謂宮殿國土，唯以心識住於深妙之禪定。此界有四天，名曰無色天，又曰四空處。

【箋】

△鍾惺云：「眞隱眞字，考盡古今隱士。」

△譚元春云：「說白雲者多矣，虛實二字，從來不曾合說。」

寒食卽事

晉陽寒食地。風俗舊來傳。雨滅龍蛇火。春生鴻鴈天。泣多流水漲。歌發舞雲旋。西見之推廟。空爲人所憐。

【校】

△鴻鴈　全唐詩鴈作雁。

【注】

△寒食　節名。荆楚歲時記：「冬至後一百五日，謂之寒食，禁火三日。」注：「據曆，合在清明前二日，亦有去冬至一百六日者。」按寒食禁火之俗，世多以爲晉文公哀念介之推而作。後漢書周舉傳：「太原舊俗，以介之推焚骸，咸言神靈不樂舉火，由是每冬中輒一月寒食。」魏武帝集所載禁火罰令云：「聞太原、上黨、西河、雁門，冬至後百五日皆絕火寒食，云爲介之推。」琴操：「介之推抱木而死，晉文公哀之，令人五月五日不得舉火。」汝南先賢傳：「介之推以三月三日自燔，後成禁火之俗。」諸書所載寒食禁火時日各有不同，惟胥以爲介之推事；特亦有異說，名義考云：「介之推亡月在仲冬，而寒食在仲春之末，清明之前，非介之推亡月，而用介之推事，誤也。周官司烜氏：『仲春以木鐸修火禁於國中。』禁火則寒食，周制已然，於介之推何與？」

△卽事　感事之詩多以卽事標題，故亦曰卽事詩。

△龍蛇火　形容火勢如龍蛇之飛舞。

△晉陽　卽今山西省太原縣治。

△之推　介之推，春秋時人，亦作介子推。從晉文公出亡，凡十九年；文公還國爲君，推不言祿，祿亦不及；乃與母隱於綿山。其後文公求之，不出；公復焚山以逼之，推竟抱木死。

素上人影塔

物化同枯木。希夷明月珠。本來生滅盡。何者是虛無。一坐看如故。千齡獨向隅。至人非別有。方外不應殊。

【注】

△物化　本謂事物之變化。後以化卽死也，引伸爲人死之意。

△希夷　靈芝也。古今注：「靈芝一名壽潛，一名希夷。」

△明月珠　寶珠也。文選李斯諫逐客書：「垂明月之珠，服太阿之劍。」

△虛無　史記老子世家贊：「老子所貴道，虛無因應，變化於無爲。」淮南子精神：「虛無者，道之所居也。」按道爲聖智證悟之眞理，無形象可見，故謂之虛無。

△向隅　面向室之角隅也。後用爲單獨觖望之代詞。

△至人　謂有至德之人也。莊子天下：「不離於眞，謂之至人。」

△方外　世外之謂。莊子大宗師：「孔子曰：『彼遊方之外者也。』」疏：「方，區域也，彼不爲

教迹所拘，故遊心寰宇之外。」後因稱僧道曰方外，以其不涉世事也。

沙苑南渡頭

秋霧連雲白。歸心浦溆懸。津人空守纜。村館復臨川。蓬隔蒼茫雨。波通演漾田。孤舟未得濟。入夢在何年。

【校】

△蓬　全唐詩作篷注云一作峯。

△波通　詩紀通作連。全唐詩通作連注云一作通。

【注】

△沙苑　在陝西省大荔縣南接朝邑縣界。亦名沙海，又稱沙澤。其地多沙，隨風遷徙，不宜耕種。

△孤舟未得濟，入夢在何年　此以傅說自期也。說，殷高宗賢相。初隱於傅巖，傅巖有澗水壞道，說故爲胥靡版築以供食。高宗夢說，求得之，與語，果賢。乃作說命三篇，號曰傅說。舉以爲相，國大治。

和振上人秋夜懷士會

白露傷草木。山風吹夜寒。遙林夢親友。高興發雲端。郭外秋聲急。城邊月色殘。瑤琴多遠思。更爲客中彈。

【校】

△夢　品彙、全唐詩並作夢。

△雲端一作嵩巒　黃氏本、品彙、唐詩選並同無注。詩紀、全唐詩品並作巖。

【箋】

△周珽云：「詩歸云：龍標五言律詩，音節多似古詩。淸骨閒情，時見其奧。余謂王詩體格，無問古近，言言化境，與劉眘虛、儲光羲、常建自成一格，如此詩與靜法師東齋等作，奇老淸細，仙風道骨，禪機妙理，隨在具足當，是盛唐異品。」

駕出長安

聖德超千古。皇風扇九圍。天回萬象出。駕動六龍飛。淑氣來黃道。祥雲覆紫微。太平多扈從。文物有光輝。

【校】

△駕出長安　品彙作駕幸河東二首，而未載此首。詩紀、全唐詩同注云一作宋之問詩。

△天回　詩紀回作廻。

【注】

△長安　古都城名。故城在今陝西省長安縣西北。寰宇記：「長安蓋古鄉聚名，隔渭水對秦咸陽宮；漢於其地築未央宮，置縣，以長安爲名。」

△九圍　九州也。詩商頌長發：「帝命式于九圍。」疏：「分九天下，各爲九處，若視圍然。」

△六龍　天子車駕之六馬也。

△黃道　漢書天文志：「日有中道，中道者黃道，一曰光道。」王先謙補注：「黃光古字通。」

△紫微　星名，卽紫微宮，一稱紫微垣。或簡稱紫垣，或簡稱紫宮。晉書天文志：「北極五星，鉤陳六星，皆在紫宮中。紫宮垣十五星，其西蕃七，東蕃八，在北斗北，一曰紫微，大帝之座也，天子之常居也，主命主度也。一曰長垣，一曰天營，一曰旗星，爲蕃衞備蕃臣也。」按此隱指天子之宮禁也。

△扈從　謂隨從天子車駕之人。漢書司馬相如傳：「扈從橫行，出乎四校之中。」

駕幸河東

晉水千廬合。汾橋萬國從。開唐天業盛。入沛聖恩濃。下輦迴三象。題碑任六龍。睿明懸日月。千歲此時逢。

【校】

△駕幸河東　品彙作駕幸河東二首。

△入　詩紀作人。

△迴　品彙作回。

△睿　品彙作睿。全唐詩作睿。詩紀作叡。

△千歲　品彙、類苑歲並作載。全唐詩同注云一作載。詩紀歲作載注云一作歲。

【幸】

△幸　天子有所至曰幸。漢書司馬相如傳：「設壇場望幸。」注：「臨幸也。」

△河東　黃河流經山西省境，自北而南，故通稱山西省境內黃河以東地曰河東。秦漢於此置郡，唐置道，宋置路，均名曰河東。

△晉水　在山西省太原縣西南。源出滴瀝泉，分三派俱東流入汾水。見清一統志。

△汾橋　橋名。在山西省陽曲縣東。元和志：「汾橋架汾水，卽豫讓欲刺趙襄子處。」

△天業　謂帝業也。

△沛　爲漢高祖起兵處，故城在今江蘇省銅山縣東。

△三象　周公樂名。一說武王樂名。呂覽古樂：「商人服象，爲虐於東夷，周公遂以師逐之，至於江南，乃爲三象，以嘉其德。」注：「三象，周公所作樂名。」淮南子齊俗訓：「其樂大武、三象、棘下。」注：「三象、棘下，武王樂也。」

【箋】

△瀛奎律髓方虛谷曰：「昌齡唐明皇時人，開元二十年十一月如汾陰祠后土，詩當是時作。用事造句皆典實；然昌齡律詩甚少，惟三、四篇。寒食詩有云：雨滅龍蛇火，春生鴻雁天，甚佳而缺第五句。」又紀曉嵐曰：「自是當時應制體而語乏警策，非少伯佳處。」

胡笳曲

城南虜已合。一夜幾重圍。自有金笳引。能霑出塞衣。聽臨關月苦。清入海風微。三奏高樓曉。胡人掩淚歸。

【校】

△霑　品彙、李于鱗唐詩選並作令。

△衣　品彙、李于鱗唐詩選並作飛。詩紀、全唐詩並同注云一作能令出塞飛。

△擒淚　品彙、唐詩選、李于鱗唐詩選擒並作掩。詩紀、全唐詩作掩涕。

【注】

△胡笳曲　琴曲名。樂府詩集：「唐劉商胡笳曲序曰：『蔡文姬（名琰）爲胡人所掠，入番爲王后。武帝與邕有舊，敕大將軍贖以歸漢。胡人思慕文姬，捲蘆葉爲吹笳，奏哀怨之音。後董生（名祀，琰夫）以琴寫胡笳聲爲十八拍，今之胡笳弄是也。』琴集曰：『大胡笳十八拍，小胡笳十九拍，竝蔡琰作。』按蔡翼琴曲有大小胡笳十八拍。」韻會小補：「大胡笳十八拍，號沈家聲；小胡笳十九拍，號祝家聲。」

△金笳　卷蘆葉而成之吹器也。齊高帝塞客吟：「金笳夜厲，羽轊晨征。」

△三奏高樓曉，胡人掩淚歸　劉琨傳：「琨在晉陽，常爲胡騎所圍數重，城重窘迫無計，乃乘月登樓淸嘯，賊聞之，皆悽然長嘆。中夜奏胡笳，賊又流涕歔欷，有懷土之思。向晚復吹之，賊並棄圍而走。」

【箋】

△唐汝詢云：「是詠物體，清雅不纖，妙妙。」

△吳昌祺云：「此極狀笳聲之悲，出塞之音，聲飛於外，能使風月增愁，安得不解兵而去。」

△樊桐云：「此借劉疇、劉琨二事，非直賦其事。」

△蔣一葵云：「氣貫無雕琢處，關月海風，亦並樂府曲，用入此曲，妙，而詩亦極工，結用事極切。」

夏月花萼樓酺宴應制

土德三元正。堯心一國同。汾陰備冬禮。長樂應和風。賜慶垂天澤。流歡舊渚宮。樓臺生海上。
簫鼓出天中。霧曉筵初接。宵長曲未終。雨隨行羃合。月影舞羅空。玉陛分朝列。文章發聖聰。
愚臣忝書賦。歌詠頌絲桐。

【校】

△夏月　品彙月作日。

△花萼樓　品彙花作華。詩紀、全唐詩萼並作蕚。

△一國　品彙、詩紀、全唐詩一並作萬。

△汾陰　品彙陰作陽。

△備　品彙作脩。

△應　文苑英華作宴。

△流歡　品彙流作留。

△行冪　品彙冪作幙。詩紀、全唐詩作青幕。

△月影　品彙作日照。詩紀、全唐詩並作月照注云一作向。

△聖聰　黃氏本、類苑、全唐詩聰並作聽。

△書賦　類苑書作詩。

△頌　品彙作誦。

【注】

△花蕚樓　唐會要：「開元二年七月二十九日以興慶里舊邸爲興慶宮，於西南置樓；西面題曰花蕚相輝之樓，南面題曰勤政務本之樓。」

△酺　王德布，大飲酒也。漢書文帝紀：「酺五日。」注：「文潁曰：『漢律，三人以上無故羣飲酒，罰金四兩，今詔橫賜得令會聚飲食五日也。』師古曰：『酺之爲言布也，王德布於天下，而合聚飲食爲酺；字或作脯。』」

△土德三元正　土德，淮南子：「季夏之月，盛德在土。」三元，謂天、地、人。鄭餘慶享太廟樂章：「三元告命，四極駿奔。」言王者德合天地人也。

△堯心萬國同　沈約詩：「忘己用堯心。」言王者之德與萬國同心。

△汾陰備多禮　汾陰在今山西省榮河縣北，武帝時得寶鼎處。唐會要：「開元二十年十一月二十一

日祀后土於脽上，其文曰：『恭惟坤元，道昭品物；廣大茂育，暢於生成；庶憑休和，惠及黎獻；博厚之位，粤在汾陰；肅恭時巡，用昭舊典。……』」

△長樂　漢宮名。在今陝西省長安縣西北長安故城中。本秦興樂宮，高帝五年修治之，改名長樂。雍錄云：「漢都長安，未央宮在城西隅，長樂在東隅。兩宮初成，諸侯羣臣之朝會恒在長樂；自惠帝以後，皆居未央，而以長樂居母后。」按東漢稱永樂宮，唐初猶存，天寶後廢。

△渚宮　春秋楚之別宮也。與慶宮在池上，故借用之。故址在今湖北省江陵縣城內。

△玉陛　謂天子之殿陛也。

△絲桐　謂琴也。史記田敬仲完世家：「若夫治國家而弭人民，又何為乎絲桐之間？」

【箋】

△吳昌祺云：「蓋言王者德合天地，與萬國同心，故冬禮不爽，春風始調，至夏而有酺宴也。既賜慶於萬姓，又錫宴於羣臣。於時池水如海，掩映樓臺。危樓造天，迥聞簫鼓。傍曉登筵，入宵未罷。時雨既過，日復舒光，所謂雨暘時若也。羣臣獻詞以廣聖聽，我無能賡歌，但詠天子之詩而布諸絲桐耳。」

△郭濬云：「樓臺說生妙甚，日照句新異。」

△樊桐云：「題為夏日詩，詩中絕無夏景。」

△唐汝詢云：「典雅有則，眞應制體。」

九日登高

青山遠近帶皇州。霽景重陽上北樓。雨歇亭皐仙菊潤。霜飛天苑御梨秋。茱萸插鬢花宜壽。翡翠橫釵舞作愁。謾說陶潛籬下醉。何曾得見此風流。

【校】

△皐　黄氏本作臯。皐爲皐之俗字。皐同臯。

【注】

△九日登高　續齊諧記：「汝南桓景隨費長房遊學，長房謂之曰：『九月九日汝南當有大災厄，急令家人縫囊盛茱萸繫臂上，登山飲菊花酒，此禍可消。』景如言，舉家登山。夕還，見鷄犬羊，一時暴死。長房聞之，曰：『此可代也。』今世人九日登高飲酒，婦人帶茱萸囊，蓋始於此。」按隋書元冑傳：「文帝正月十五日與近臣登高。」荆楚歲時記：「正月七日爲人日，以七種菜爲羹，剪綵爲人，登高賦詩。」是登高不獨重九日也。

△皇州　猶言帝都。謝朓詩：「春色滿皇州。」

△霽　雨止也，見說文。引伸之凡霜雪消雲霧散，皆曰霽。

△重陽　陰曆九月初九日爲重陽，又曰重九。魏文帝與鍾繇書云：「歲往月來，忽復九月九日。九爲陽數，而日月並應，故曰重陽。」

△亭皐　亭，停也，人所停集也。皐，臯俗字，或作皐。水邊地也。漢書司馬相如傳：「亭臯千

里，靡不被築。」注：「爲亭候是臯隰之中。」王先謙補注：「亭當訓平，亭臯千里，猶言平臯千里。臯，水旁地，故以平言。」

△天苑　星名。晉書天文志：「天苑十六星，昂畢南，天子之苑囿，養獸之所也。」按屬波江座，皆三四等星。

△茱萸　一名越椒。係落葉喬木，實紫赤色，莖可入藥。有吳茱萸、食茱萸、山茱萸三種。風土記：「茱萸，欓欓也。九月九日熟，色赤可采時也。別名秋子。」

△翡翠　即綠色硬玉。

△謾說　謾，同漫。漫，猶莫、休，或示浮泛等意義之副詞。謾說，猶言莫說也。

△陶潛　晉尋陽柴桑人。侃曾孫。字淵明；或曰名淵明，字元亮；或曰字深明，名元亮。志趣高潔，不慕榮利。其詩沖穆澹雅，文亦超逸高古。起爲州祭酒，後爲彭澤令。在官八十餘日，歲終，郡遣督郵至縣，吏白應束帶見之；潛曰：「我豈能爲五斗米折腰向鄉里小兒。」即日解印綬去職，賦歸去來辭以見意。家居安貧樂道，以詩酒自娛，徜徉自適。義熙末，徵著作郎，不就。元嘉初卒。世稱靖節先生，有陶淵明集。

△風流　放逸也，又風雅也。文選袁宏三國名臣序贊：「標榜風流，遠朋管樂。」

【箋】

△聖歎選批唐才子詩：「九日登高詩，從來都用眼淚磨墨。此獨盡廢苦調，別發夏聲。看他起便遍

指青山，言遠遠近近，盡帶皇州。則知無一處登高，無不乃心王室者也。三四，菊必寫仙菊，梨必寫御梨，全然皆非常套。」又：「五六，即末之此風流三字也。言今日所以上客紀年，壽花簪鬢，侍姬呈態，翠羽流釵，得有如此風流者，實是上荷聖人之至治，下極同人之歡賞。不似昔人，生既不辰，適丁艱步。性又耿介，常至離羣也。」

△歷代詩話：「劉禹錫云：『詩中用茱萸字者凡三人，老杜醉把茱萸仔細看。王維插徧茱萸少一人。朱放學他年少插茱萸。三君所用，杜公爲優。』洪容齋云：『唐人用此十餘家，王昌齡茱萸插鬢花宜壽。戴叔倫……比之杜句，眞不侔矣。』」

萬歲樓

江上巍巍萬歲樓。不知經歷幾千秋。年年喜見山長在。日日悲看水濁流。猿狖何曾離暮嶺。鸕鷀空自泛寒洲。誰堪登望雲煙裏。向晚茫茫發旅愁。

【校】

△濁流　文苑英華、黄氏本、品彙、詩紀、唐詩歸、李于鱗唐詩選、全唐詩濁並作獨。

△猿　品彙作狷。

△暮　品彙作莫。

△雲煙　唐詩歸、李于鱗唐詩選、全唐詩煙並作烟。

【注】

△萬歲樓　在鎭江府城上西南隅，晉刺史王恭所建。
△江上　指揚子江邊也。
△狖　猿屬，長尾而昂鼻。
△鸕鷀　一名鷀，屬鳥類游禽類。羣棲海岸及沿岸之湖沼近旁，善泅水，捕食魚類，俗謂之水老鴉。

【箋】

△蔣一梅云：「年年、日日，于題有情而不傷巧。」
△古唐詩合解：「前解寫樓上所見之山水；後解寫山水中之物，而總以寫愁。」
△聖歎選批唐才子詩：「江上萬歲樓，不知何人創造，復不知何人題名。嘗試縱心思之，眞是勝情奇舉。設使不得如此好詩對副，眞爲辜負古人不了也。蓋統計是名萬歲，分之只是千秋，再分之只是年年，再分之只是日日。其間山在水流，明抽暗換，乍悲還喜，似悟仍迷。吾亦總以一言槩之曰：『不知，此非愚故不知。任是絕世聰明，竟復誰能知此。四句詩，只是四七二十八字，便將一大藏經，徹底掀翻，眞奇事也。』」又：「何曾離妙，空自泛妙。偉哉大化，綿綿莫莫。欲去者，孰容之去；欲住者，孰容之住。萬歲以上，有猿狖鸕鷀：萬歲以下，亦有猿狖鸕鷀。夫以如是浩浩樓頭，而乃有人登望發愁。試問此一點愁，爲力幾何？而堪對彼萬歲雲煙哉！我嘗誦先生禮塔詩曰：『眞無御化來，妙有乘化歸。如彼雙塔內，孰能知是非。』便是一副旋陀羅尼，在

在處處，我當供養，以諸香花，而散其處也。」又：總持法師曰：「一句萬歲，二句千秋，三句年年，四句日日。此用去丈取尺，去尺取寸法也。又曰：見山在，是麤行人，故着年年字。見水流，是細行人，故着日日字。此用世尊與諸比丘，說無常義法也。又曰：猿狖巧，巧既無所施其巧。鸕鷀專，專又無所用其專。此用大火聚四面，湊手不得法也。」

△吳昌祺云：「是樓臨江，舉目惟山水耳。然山止不移，水流無定，我對之而一喜一悲者，竊有感於人生矣。猿狖依山而永棲，鸕鷀托水而飄泊，是止者逸而行者勞也。登臨之際，能不增旅客之愁哉。」

△譚元春曰：「三四細看，亦有遠神。」

△鍾惺曰：「悲在何曾二字。」

△胡應麟曰：「不必護其所短，亦不得掩其所長。」

朝來曲

月昃鳴珂動。花連繡戶春。盤龍玉臺鏡。唯待晝眉人。

【校】

△月昃　唐文粹、黃氏本昃並作昊。

△晝　唐文粹、黃氏本、全唐詩並作畫。

【注】

△朝來　謂晨也。
△月昃　日過午曰昃。月昃卽月晚。
△鳴珂　珂，飾馬之玉，爲貴人所用。鳴珂，馬勒飾也。
△繡戶　婦女所居；曰繡者，言戶飾之華美。梁武帝樂府：「幕幕繡戶絲。」沈約詩：「鳴珠簾於繡戶。」
△玉臺鏡　鏡飾玉臺上，言其華貴。
△畫眉　以黛飾眉也。漢書張敞傳：「敞無威儀，爲婦畫眉；有司以奏，上問之，敞曰：『臣聞閨房之私，有甚於畫眉者。』」

答武陵田太守

仗劔行千里。微軀敢一言。曾爲大梁客。不負信陵恩。

【校】

△答　品彙作荅。文苑英華作留答。
△仗劔　詩紀、全唐詩並同注云一作按。品彙、三昧集、唐詩歸劔並作劍。
△敢　文苑英華、全唐詩作感。

【注】

△武陵　在今湖南省常德縣。

△仗劍行千里　仗與杖通，持而倚之也。仗劍而行，示有壯舉。史記：「聶政仗劍至韓。」又「鄭莊行千里不齎糧。」

△大梁　趙之分野，屬冀州。今河南開封，戰國時魏之都城。

△信陵恩　信陵君，戰國魏昭王少子，安釐王異母弟，名無忌，封信陵君。仁而下士，食客三千人。秦圍趙，趙平原君以夫人爲信陵君姊，乃求救於魏王及信陵君。魏王使晉鄙將十萬衆救趙，既而畏秦強，使人止之，留軍觀望。信陵君用侯嬴言，奪晉鄙之軍救趙卻秦。秦伐魏，信陵君率五國兵歸救魏，大破秦兵，至函谷關。秦使人毀之於魏王，王中讒，疏之；信陵君乃謝病不朝，與賓客飲醇酒，多近婦女，病酒卒。按此乃作者貶龍標尉時，曾受田太守厚恩，故於臨去，爲詩謝之。而自比侯嬴，以信陵君比田太守。謂既受厚恩，誓必有報。感慨淋漓，義重如山。

【箋】

△吳昌祺云：「言既感太守之恩，決不相負。」

送胡大

荆門不堪別。況乃瀟湘秋。何處遙望君。江邊明月樓。

【校】

△遙　黃氏本作遥。

【注】

△荊門　山名。在湖北省宜都縣西北，長江南岸，與北岸虎牙山相對。

△明月樓　薛道衡詩：「妾住常依明月樓。」

△何處遙望君，江邊明月樓　言別已不堪，秋爲尤甚，惟乘月登樓以望之耳。

【箋】

△樊桐云：「其調蕭瑟。」

題灞池二首

其　一

腰鐮欲何之。東園刈秋韭。世事不復論。悲歌和樵叟。

其　二

開門望長川。薄暮見漁者。借問白頭翁。垂綸幾年也。

【校】

△鐮　黃氏本、品彙、詩紀、全唐詩並作鎌。鎌爲鐮之本字。

【注】

△灞池　池名。在長安。文選謝朓休沐重還道中詩：「灞池不可別，伊川難重違。」注：「善曰：潘岳關中記曰：霸陵，文帝陵也，上有池，有四出道以寫水。良曰：灞池謂西京，伊川謂東京。」

△鎌　通作鐮。農具之一，形如曲鉤，所以刈穫者，俗曰鐮刀。

【箋】

△柳亭詩話：「王龍標詩：『開門望長川，薄暮見漁者；借問白頭翁，垂綸幾年也？』如此落韻，豈是書生文袋？」

擊磬老人

雙峯褐衣久。一磬白眉長。誰識野人意。徒看春草芳。

【校】

△峯　全唐詩作峰。

△徒　黃氏本作從。

【注】

△磬　樂石也，古者毋句氏作磬，見說文。按寺觀中範銅鐵爲鉢形，拜神則擊之，亦謂之磬。

△雙峯　山名，在河北省薊縣，盤山舞劍臺之北。兩峯相連，下有雙峯寺。庾信詩：「羊腸連九坂，熊耳對雙峯。」

△褐衣　賤者之服。

題僧房

棕櫚花滿院。苔蘚入閑房。彼此名言絕。空中聞異香。

【校】

△棕櫚　徐氏本唐文粹、全唐詩棕並作椶。

△閑房　徐氏本唐文粹閑作閒。

【注】

△棕櫚　亦作椶櫚，一名栟櫚，俗作棕櫨，亦單稱椶。

△彼此名言絕，空中聞異香　名言，佛家語。謂一切法之名字與言句也。華嚴經：「於一一法名言悉得無邊無盡法藏。」佛報恩經：「法無言說，如來以妙方，便能以無名相法，作名相說。」空中聞異香，首楞嚴經：「殑伽神女非鼻聞香。」李山甫詩：「一片異香天上來。」按二句乃寫二人談說佛法之時，忽聞異香自空中飄來，頓悟萬緣皆空而無可言說矣。直賦僧院中幽澹之景，而悟出直超名相之妙諦。

【箋】

△沈德潛曰：「作禪寂語，超而又超。」

送郭司倉

映門淮水綠。留騎主人心。明月隨良掾。春潮夜夜深。

【校】

△映　全唐詩作暎。

△掾　品彙作椽。

【注】

△司倉　官名。兩漢有倉曹史，主倉庫，爲郡之佐吏。北齊稱倉曹參軍，隋煬帝改曰司倉書佐。唐在府曰倉曹參軍，在州曰司倉參軍，在縣但曰司倉。掌倉廩庖厨財物廛市之事。

△淮水　亦曰淮河，詳前。

△明月隨良掾，春潮夜夜深　言臨淮留賓，月隨賓去而惟餘淮水，其能堪乎？

【箋】

△樊桐云：「言臨淮留賓，月隨賓去，而惟餘淮水，其能堪乎？」

送李十五

怨別秦楚深。江中秋雲起。天長杳無隔。月影在寒水。

【注】

△李十五　文鏡秘府論作「送李邕之秦。」邕，善子，字泰和。善注文選，邕爲之補益。玄宗時官北海太守，世稱李北海。善書，文名滿天下，後爲李林甫所殺。著有李北海集。

△秦楚　秦今陝西省地。楚今湖南湖北兩省地。

△杳　深遠也。

送張四

楓林已愁暮。楚水復堪悲。別後冷山月。清猿無斷時。

【注】
△別後冷山月，清猿無斷時　言水流林暝，別時之景難堪；月冷猿愁，別後之情更慘。

【箋】
△吳昌祺云：「水流林暝，別時之景難堪。月冷猿愁，別後之情更慘。」
△樊桐云：「插冷字峭。」

武陵田太守席送司馬盧溪

諸侯分楚郡。飲餞五溪春。山水清暉遠。俱憐一逐臣。

【校】
△溪　詩紀、全唐詩並作谿。

【注】
△司馬　爲軍府之官，隋唐兼爲郡官，與治中迭爲廢復。
△盧溪　故治在今湖南省瀘溪縣西南。清改盧爲瀘。
△飲餞　古之行者有祖道之祭，祭畢，送行者飲於其側，故曰飲餞。
△五溪　武陵有五溪，謂雄溪、樠溪、無溪（一作潕溪）、酉溪、辰溪也。夾溪悉爲蠻族所居，皆盤瓠種落，謂之五溪蠻。今湖南貴州兩省接壤處，即古五溪蠻地。

△淸暉　謂日光也。

從　軍　行

大將軍出戰。白日暗榆關。三面黃金甲。單于破膽還。

【注】

△從軍行　樂府平調曲名。樂府古題要解：「從軍行皆述軍旅苦辛之詞也。」

△榆關　卽古渝關。渝亦作榆，今山海關也。

△單于　漢時匈奴稱其君長曰單于。

送譚八之桂林

客心仍在楚。江館復臨湘。別意猿鳥外。天寒桂水長。

【注】

△湘　湘水，亦曰湘江。

△桂水　源出湖南省藍山縣南，注入湘水。

送劉十五之郡

平明江霧寒。客馬江上發。扁舟事洛陽。窅窅含楚月。

【注】

△平明　猶黎明也。

△窅窅　亦作窈窈，深貌。

長信秋詞五首

其一

金井梧桐秋葉黃。珠簾不捲夜來霜。熏籠玉枕無顏色。臥聽南宮清漏長。

【校】

△長信秋詞五首　沈氏本才調集、四部縮印影宋本才調集作長信愁。四部縮印河嶽英靈沈氏本錄奉箒平明金殿開一首作長信宮。唐詩選作西宮秋怨錄三首。薈編唐詩題奉箒平明一首作長信怨。

△熏籠　全唐詩同注云一作金爐。

△南宮　全唐詩同注云一作宮中。

【注】

△長信秋詞　樂府相和歌詞楚調曲題曰長信怨。漢書外戚傳：「班倢伃初見幸，後因成帝寵趙飛燕。姊弟驕妒，倢伃恐久見危，求供養太后長信宮。嘗作賦自悼。」按長信宮爲太后居所。三輔黃圖引通靈記：「后宮在西，秋之象也；秋主信，故宮殿皆以長信長秋爲名。」

△金井梧桐秋葉黃　金井，井欄有雕飾美麗者，詩人因稱井曰金井，用爲藻飾之詞。吳均行路難：「玉欄金井牽轆轤。」魏文帝詩：「梧桐生空井。」何遜詩：「幾逢秋葉黃。」按井梧黃，秋深時也。

△熏籠　熏爐覆籠，亦曰熏籠。以竹爲之，所以焚香熏衣設以侍寢者也。東宮舊事：「太子納妃，

有漆畫熏籠二，大被熏籠三，衣熏籠三。」

△玉枕　所設以侍寢者。樂府古辭：「玉枕龍鬚席，郎眠何處牀。」

△南宮　宮名。輿地志：「秦時已有南北宮，漢高祖置酒雒陽南宮，光武即位幸南宮，遂定都焉。」按在今河南省洛陽縣城中。

△清漏長　漏卽銅壺滴漏，爲古時計時之器。夜靜則漏聲清澈，故謂之。

【箋】

△唐汝詢曰：「此班姬失寵之辭，上聯賦深秋之景，下聯紀寥落之情。熏籠玉枕，所設以侍寢者。恩幸旣疎，則二物無顏色矣。夜不能寐，唯覺宮漏之益永耳。」

△唐詩絕句選釋：「昌齡之宮詞，皆優柔婉麗，韻味無窮，風骨內含，精芒外隱，眞千古之絕調也。」

其二

高殿秋砧響夜闌。霜深猶憶御衣寒。銀燈青瑣裁縫歇。還向金城明主看。

【注】

△砧　擣衣石也。

△夜闌　謂夜將盡也。

△青瑣　古門窗之飾。漢書元后傳：「曲陽侯根驕奢僭上，赤墀青瑣。」注：「孟康曰：『以青畫

戶邊鏤中，天子制也。』師古曰：『青瑣者，刻爲連環文而青塗之也。』」王先謙補注：「官本連環作連瑣，而下有以字。」

△金城　喻城之堅固。

其三

奉箒平明金殿開。且將團扇共徘徊。玉顏不及寒鴉色。猶帶昭陽日影來。

【校】

△箒　沈氏本才調集、四部縮印影宋本才調集、詩紀、紀事、全唐詩、三昧集、唐詩歸、唐詩選、徐氏本唐文粹、薈編唐詩並作帚。

△金殿　四部縮印河嶽英靈沈氏本、四部縮印影宋本才調集、唐詩選金並作秋。全唐詩同注云一作秋。

△且　四部縮印河嶽英靈沈氏本作蹔。薈編唐詩作暫。

△共　品彙、徐氏本唐文粹、唐詩歸、唐詩選並作暫。詩紀、全唐詩作暫注云一作共。

△徘徊　全唐詩作裴回。

△鴉　紀事作鵶。

△昭陽　全唐詩昭作朝。

【注】

△奉箒　釋圓至曰：「奉箒，灑掃也。」柳惲獨不見：「奉箒長信宮，誰知獨不見。」吳均行路難：「奉箒供養長信臺。」按帚與箒同。

△天明　天正明也。

△團扇　班婕妤怨歌行：「新裂齊紈素，皎潔如霜雪；裁爲合歡扇，團團似明月。」

△玉顏不及寒鴉色　玉顏，自謂也。寒鴉，色黑也。不及，不如也。

△猶帶昭陽日影來　昭陽，殿名。三輔黃圖：「漢武帝後宮八區，有昭陽殿。」成帝時，趙飛燕女弟爲昭儀，居昭陽舍，卽此。按昭陽日影，喻君王之恩光也。蓋見寒鴉帶日，遂覩物而興感也。

【箋】

△昭昧詹言：「平仄四聲有輕重抑揚之分，凡七言八句起承轉合，亦具四聲，歌則抑之揚之，靡不盡妙。……王少伯玉顏不及寒鴉色，猶帶昭陽日影來。上句玉不及色四入聲，抑之太過。下句一入聲，歌則疾徐有節矣。」

△何焯批唐三體詩：「金字亦作秋字，故與第二句貫注。平明二字中便含日影。秋起團扇，寒鴉關合平明，寒字乃有愁意。」

△沈德潛曰：「昭陽宮，趙昭儀所居，宮在東方，寒鴉帶東方日影而來，見己之不如鴉也。優柔婉麗，含蘊無窮，使人一唱而三歎。」

△唐汝詢曰：「班姬自言晨起灑掃，而殿門始闢，因傷己被棄，如扇之逢秋，故相與盤桓也。適見

寒鴉帶日影而來，則又覩物興感，意謂我惟不得一近昭陽爲恨。今禽鳥乃得被天子之恩輝，是我之顏色不如也。不怨君而歸咎于己之顏色，得風人渾厚之旨矣。」

△詩人玉屑：「詩有句意俱含蓄者，如九日詩曰：『明年此會知誰健，更把茱萸仔細看。』又宮怨曰：『寶仗平明宮殿開，暫將紈扇共徘徊；玉容不及寒鴉色，猶帶昭陽日影來。』是也。」又曰：「余閱王建宮詞，選其佳者，亦自少得，只世所膾炙者數詞而已。其間雜以他人之詞，如……『寶仗平明金殿開，暫將紈扇共徘徊；玉顏不及寒色，猶帶昭陽日影來。』此王昌齡也。」

△竹莊詩話：「宮怨。『冷齋夜話云：詩有句意俱含蓄者，如宮怨云云是也。』奉帚平明金殿開，且將團扇暫徘徊；玉顏不及寒鴉色，猶帶昭陽日影來。」

△謝氏枋得曰：「此篇怨而不怒，有風人之義。」

△鍾氏惺曰：「團扇用且將字暫字，皆從秋字生來。」又曰：「後二句與簾外春寒，朦朧樹色同一法，皆不說向自家身上；然簾外春寒句氣象寬緩，此句與朦朧樹色情事幽細，寒鴉日影，尤覺悲怨之甚。」

△後村詩話：「王岐公宮詞云：翠眉不及池邊柳，取次飛花入建章。雖本王昌齡玉顏不及寒鴉色之句，然殊不相犯。」

△四溟詩話：「夫平仄以成句，抑揚以合調。揚多抑少則調勻，抑多揚少則調促。……王昌齡長信秋詞，玉顏不及寒鴉色，猶帶昭陽長影來。上句四入聲相接，抑之太過；下句一入聲，歌則疾徐

有節矣。」

△對下夜話：「唐人絕句，有意相襲者，有句相襲者，王昌齡長信宮云：玉顏不及寒鴉色，猶帶昭陽日影來。孟遲長信宮亦云：自恨身輕不如燕，春來還遶御簾飛……此皆意相襲者。」

△峴傭說詩云：「唐人七絕，每借樂府題。其實不皆可入樂，故只作絕句論。玉顏不及寒鴉色，猶帶昭陽日影來，怨而不怒，詩人忠厚之旨也。」又：「玉顏不及寒鴉色，猶帶昭陽日影來，羨鴉羨得妙；沅湘日夜東流去，不爲愁人住少時，怨沅湘怨得妙，可悟含蓄之法。」

△吳氏昌祺曰：「昭陽在東，平旦時有寒鴉自東而來則帶日色，而我不及也，何處得此妙想。」

其四

眞成薄命久尋思。夢見君王覺後疑。火照西宮知夜飲。分明復道奉恩時。

【校】

△玻璃版唐人選唐詩題作長信怨。

△覺　玻璃版唐人選唐詩作怯。

△復道　品彙、詩紀、三昧集、唐詩歸、徐氏本唐文粹、全唐詩、唐詩選、李于鱗唐詩選復並作複。

△奉恩時　黃氏本作春時恩。

【注】

△眞成薄命久尋思　梁簡文詩：「眞成恨不已。」孫萬壽詩：「尋思久寂寥。」曹植有妾薄命篇。此蓋言佳人命薄，向固知之而未信。如今觀之，我眞成薄命矣。然仍不信我眞箇薄命，尋思其所以薄命之故，而且思之甚久。」

△夢見君王覺後疑　言思而得夢，夢而得見君王。既覺而疑，疑其未必是夢也。簡文詩：「夢見反成疑。」

△西宮　班姬居長信，其宮在西，故曰西宮。

△分明複道奉恩時　樓閣或苑囿中上下設道以便通行者謂之複道，亦稱閣道。言我分明在複道迎駕，以奉主恩，奈何遂成虛夢。此其所以疑也。沈德潛曰：「下分明二字，寫夢境入微。」

【箋】

△沈德潛云：「下分明二字，寫夢境入微。」

△徐英曰：「此詩立法最奇，以四三二一爲一二三四，錯敍到底，千古以來，解人不多，知其妙而不知其所以妙，甚矣。作詩不易，解詩亦不易也。」

△黃家鼎曰：「因思而夢，既夢而疑，宮人心事，描寫殆盡。」

△譚元春云：「宮詞細於毫髮，不推爲第一婉麗手不可，惟芙蓉不及美人粧差弱耳。」

其五

長信宮中秋月明。昭陽殿下擣衣聲。白露堂中細草迹。紅羅帳裏不勝情。

【校】

△迹　詩紀、全唐詩作跡。

出塞行

白花垣上望京師。黃河水流無盡時。窮秋曠野行人絕。馬首東來知是誰。

【校】

△出塞行　類苑作出塞。全唐詩作旅望注云一作出塞行。四部縮印明刊國秀集題白花原李頎作。垣上作原頭，水流作流水，盡作已，窮秋作秋天，行人作人行，東來作西來。

△白花垣上　類苑垣作原。品彙、李于鱗唐詩選作白草原頭。全唐詩白花同花下注云一作草，垣上作原頭注云一作上。

△窮秋　品彙、李于鱗唐詩選作秋天。

【注】

△出塞行　出塞，出國之邊塞。行，歌行也。詩體之一，屬樂府。文體明辨樂府：「樂府命題名稱不一，蓋自琴曲之外，其放情長言雜而無方者曰歌，步驟馳騁，疏而不滯者曰行，兼之曰歌行。」

△白花垣　樊桐云：「白花垣或在朔方，故近黃河，而京有東來之人。」

△黃河水流　樂府：「但聞黃河流水鳴濺濺。」

△馬首東來知是誰　左傳：「晉伐秦，荀偃令曰：『唯余馬首是瞻。』欒黶曰：『余馬首欲東乃歸。』」按此言望京師而有東來者矣，然安必為相識者。疑白花原或在朔方，故近黃河而京師有東來之人。

【箋】

△唐汝詢云：「如此荒凉，覺此身無着落處。」

青樓曲二首

其一

白馬金鞍從武皇。旌旗十萬宿長楊。樓頭小婦鳴箏坐。遙見飛塵入建章。

【校】

△青樓曲二首　徐氏本唐文粹只作青樓曲。三昧集作靑樓怨只錄此首。

△小婦　李于鱗唐詩選小作少。

【注】

△青樓　顯貴豪家之樓也。亦謂美人所居之樓。

△武皇　漢武帝。

△長楊　三輔黃圖：「長楊本秦宮，漢武修之以備巡幸，在盩厔縣東南三十里。」

△小婦　少婦也。

△建章　漢宮名。漢書武帝紀：「太初元年，柏梁臺災，起建章宮。」三輔黃圖：「帝於是作建章宮，度爲千門萬戶。宮在未央宮西，長安城外。」

【箋】

△唐汝詢曰：「唐人每以漢武比明星。」

△吳昌祺曰：「小婦意中有良人在內，靑樓爲妓家，此詩似不指妓言，亦執殳前驅之義。」

其　二

馳道楊花滿御溝。紅粧縵綰上青樓。金章紫綬千餘騎。夫婿朝回初拜侯。

【校】

△紅粧　唐文粹粧作糚。品彙、詩紀、全唐詩、唐詩選粧並作妝。

△縵綰　品彙縵作謾。唐詩選作綰縵。

△夫婿　唐文粹、徐氏本唐文粹、詩紀、全唐詩、唐詩選婿並作壻。

△回　唐文粹、徐氏本唐文粹並作迴。

【注】

△馳道　輦道也。史記秦始皇紀：集解引應劭曰：「馳道，天子道也，若今之中道。」

△御溝　溝之流經御苑者謂之。

△紅妝　婦女妝飾，每多紅色，故稱紅妝。梁武帝擣衣詩：「弱袖低紅妝。」

△縵絹　縵，繒無文也。絹，繫也。縵絹，鈎繫連貫也。

△青樓　謂美人所居之樓。

△金章紫綬　與金印紫綬同，金印與紫色印綬也。秦漢時丞相金印紫綬，後簡稱金紫。又太尉、大傅、大司空、徹侯皆金印紫綬，並見百官公卿表。魏晉以來，光祿大夫得假金章紫綬，亦稱金紫光祿大夫。

出　塞

秦時明月漢時關。萬里長征人未還。但使盧城飛將在。不教胡馬度陰山。

【校】

△出塞　文苑英華作塞上曲二首，另首騮馬新跨白玉鞍見補遺。四部縮印影宋本才調集、沈氏本才調集並作塞上行。品彙、李于鱗唐詩選作從軍行。詩紀、全唐詩作出塞二首（另首騮馬新跨白玉鞍見補遺）

△長征人　詩紀、全唐詩同注云一作征夫尙。

△盧城　文苑英華、四部縮印影宋本才調集、沈氏本才調集、品彙、三昧集、徐氏本唐文粹、全唐詩、唐詩歸、薈編唐詩、李于鱗唐詩選並作龍城。

△度　文苑英華、四部縮印影宋本才調集、沈氏本才調集並作渡。

【注】

△出塞　漢橫吹曲名。樂府詩集：「晉書樂志曰：『出塞、入塞曲，李延年造。』曹嘉之晉書曰：『劉疇嘗避亂塢壁，賈胡數百欲害之，疇無懼色，援笳而吹之，爲出塞、入塞之聲，以動其游客之思，於是羣胡皆垂泣而去。』按西京雜記：『戚夫人善歌出塞、入塞、望歸之曲。』則高帝時已有之，唐人作者甚多。又有塞上塞下曲，蓋出於此。」

△秦時明月漢時關　關，雁門關也。言今之關已屬漢而關上明月猶是秦時耳。

△龍城　今熱河省朝陽縣，漢爲柳城縣，晉時前燕在此建國，改稱龍城縣。史記衞青傳：「元光五年，青爲車騎將軍，擊匈奴，出上谷至龍城，斬首虜數百。」

△飛將　史記李將軍傳：「廣居右北平，匈奴聞之，號曰漢之飛將軍，避之。」按飛將，所以喻勇猛神速之將軍。

△陰山　崑崙山之北支。起於河套西北，綿亙於綏遠、察哈爾、熱河三省與內興安嶺相接。讀史方輿紀要陝西榆林鎭：「陰山在中受降城東北，去衞千餘里，黃河逕三受降城南者，漢人謂之北河之外陰，山橫亙，大限常以此分。九邊考，自陰山而北，皆大磧，磧東西數千里，南北亦數千里，無水草，不可駐牧。中國得陰山，則乘高一望，寇出沒蹤跡皆見。必踰大磧而居其北，去中國益遠，故陰山爲禦邊要地。」

【箋】

△月山詩話：「唐人七言絕句，李于鱗推秦時明月爲壓卷，其見解獨出王氏二美之上。王阮亭猶以

爲未允，別取渭城、白帝、奉帚平明、黃河遠上四首。按黃河遠上，王敬美已舉之矣。其渭城三詩，細味之，實不如秦時明月之用意深遠也。秦時明月漢時關，句非不鍊，格非不高，但可作律詩起句，施之小詩，未免有頭重之病。若『水盡南天不見雲，永和三日盪輕舟。囊無一物獻君親，玉帳分弓射虜營。』皆所謂滯累，以有襯字故也。其免於滯於累者，如『只今惟有西江月，曾照吳王宮裏人。』『黃鶴樓中吹玉笛，江城五月落梅花。』『此夜曲中聞折柳，何人不起故園情？』則又疲茶無生氣，似欲匆匆結煞。」

△滄浪詩話：「太白塞上曲騮馬新跨紫玉鞍者，乃王昌齡之詩，亦誤入。昌齡本有二篇，前篇乃秦時明月漢時關也。」

△秇圃擷餘：「于鱗選唐七言絕句，取王龍標秦時明月漢時關爲第一以語人多不服。于鱗意止擊節秦時明月四字耳，必欲壓卷，還當于王翰葡萄美酒、王之渙黃河遠上二詩求之。」

△升菴詩話：「唐世樂府，多取當時名人之詩唱之，而音調名題各異。……王昌齡秦時明月漢時關，爲蓋羅縫。」又曰：「王昌齡從軍行：『秦時明月漢時關，萬里長征人未還；但得龍庭飛將在，不教胡馬度陰山。』此詩可入神品。秦時明月四字，橫空盤硬語也，人所難解，李巾溪侍御嘗問余，余曰：揚子雲賦，攙槍爲闉，明月爲堠，此詩借用其字，而用意深矣。蓋言秦時雖遠征而未設關，但在明月之地，猶有行役不踰時之意，漢則設關而戍守之，征人無有還期矣，所賴飛將禦邊而已，雖然，亦異乎守在四夷之世矣。」

△全唐詩說：「李于鱗言唐人絕句當以秦時明月漢時關壓卷，余始不信，以太白集中有極二妙者。旣而思之，若落意解，當別有所取。若以有意無意可解不可解間求之，不免此詩第一耳。」

△李氏攀龍曰：「閨中塞下俱說得，前輩以此壓卷有見。」

△宋氏宗元曰：「悲壯渾成，應推絕唱。」

△李于鱗曰：「唐人絕句，當以『秦時明月漢時關』爲壓卷。」

△唐汝詢曰：「匈奴之征，起自秦漢，至今勞師于外者，以將之非人也。假令李廣而在，胡人當不敢南牧矣。以月屬秦，以關屬漢者，交互其文而非可解不可解之謂也。」又曰：「案龍城飛將乃二事，此合之，蓋誤也。」

△鍾惺云：「龍標七言絕，妙在全不說出，讀未畢，而言外目前，可思可見矣，然終亦說不出。」又云：「詩但求其佳，不必問某首第一也。昔人問三百篇何句最佳，及十九首何句最佳，蓋亦興到之言，其稱某句佳者，各就其意之所感，非執此以盡全詩也。李于鱗乃以此首爲唐七言絕壓卷，固矣哉。無論其品第當否何如，茫茫一代，絕句不啻萬首，乃必欲求一首作第一，則其胸中亦夢然矣。」

△王文濡曰：「秦時之月，照漢時之關，軍士久戍，不得瓜代。使飛將而在，彼胡馬豈敢度陰山乎？名將之關於人家國如此。」

△吳昌祺曰：「首句言秦尚區脫，漢則關矣。唐言互文亦可，後言但使不敢南侵足矣，何必萬里長

征乎？廻環上句，卽李遐叔戰場文結句意。弇州才高，未及味其旨，以爲可解不可解耳。」

△沈德潛唐詩別裁：「備胡築城，起于秦漢。明月屬秦，關屬漢，互文也。師勞力竭而功不成，由將非其人之故，故思飛將軍云。」

△說詩晬語：「秦時明月一章，前人推獎之而未言其妙，蓋言師勞力竭而功不成，繇將非其人之故。得飛將軍備邊，邊烽自熄，卽高常侍燕歌行歸重至今人說李將軍也。防邊築城起於秦漢，明月屬秦關屬漢，詩中互文。」又曰：「李滄溟推王昌齡秦時明月爲壓卷，王鳳洲推王翰蒲萄美酒爲壓卷，本朝王阮亭則云必求壓卷，王維之渭城，李白之白帝，王昌齡之奉帚平明，王之渙之黃河遠上，其庶幾乎？而終唐之世，亦無出四章之右者矣。滄溟鳳洲主氣，阮亭主神，各自有見。……」

△峴傭說詩：「秦時明月一首，黃河遠上一首，天山雪後一首，回樂峰前一首，皆邊塞名作；意態絕健，章節高亮，情思悱惻，百讀不厭也。」

寄穆侍御出幽州

一從恩譴度瀟湘。塞北江南萬里長。莫道薊門書信少。鴈飛猶得到衡陽。

【注】

△侍御　卽侍御史。官名。周曰柱下史；秦改爲侍御史，亦曰柱後史；兩漢亦有侍御史。所掌凡五

曹：一曰令曹，掌律令。二曰印曹，掌刻印。三曰供曹，掌齋祀。四曰尉馬曹，掌廐馬。五曰乘曹，掌車駕。自魏晉迄元，所掌多爲糾察非法，推彈雜事。

△幽州　唐幽州故治在今河北省涿縣。

△薊門　即薊丘，在河北宛平縣北。今亦名土城關。

△雁飛猶得到衡陽　湖南衡陽縣南一里有衡山回雁峰，其峰勢如雁之廻旋。相傳雁至衡陽不過，遇春而回，按此言猶可望雁書之來，不必以無書爲戚也。

【箋】

△唐汝詢曰：「此少伯謫龍標時所作。言我方坐貶度江，侍御且將出塞，南北相去，不啻萬里，所恃者一書耳，豈可謂薊門絕遠而鮮音塵乎？衡陽歸雁，猶可望也，他人處此，必以無書爲戚。江寧乃以有書相慰，渾厚之氣，故自超衆。」又曰：「太白絕句是豪放中豪放，江寧是和緩中和緩。」

送魏二

醉別江樓橘柚香。江風引雨入舡涼。憶君遙在瀟湘月。愁聽清猿夢裏長。

【校】

△送魏二　品彙作送別魏二。李于鱗唐詩選二作三。

△舡　黃氏本、品彙、三昧集、李于鱗唐詩選作船。全唐詩、唐詩選作舟。文苑英華作舟注云一作

舡。

△瀟湘月　品彙、李于鱗唐詩選並作湘山月。全唐詩同注云一作上一作湘山月。文苑英華作湘江上注云一作山月。

△愁聽　文苑英華作愁送注云一作聽。

【注】

△橘柚　禹貢：「厥包橘柚錫貢。」注：「小曰橘，大曰柚。」按此言秋深時也。

△湘山　一名君山，亦曰洞庭山，在湖南省岳陽縣西南洞庭湖中。

△愁聽清猿夢裏長　言山月照而清猿啼，聽之者客心淒切，故愁聽。然卽使睡去，而夢裏亦聞猿啼，我思君此際，能無離索之感？

【箋】

△樊桐云：「此種皆淺而深，近而遠，聽猿句言魏之船中客況。」

△唐汝詢曰：「上聯敍深秋之景，下聯寫相憶之情；山月照人，啼猿入夢，我勞如何？」

△蔣一葵曰：「爲他想出淒其。」

別李浦之京

故園今在灞陵西。江畔逢君醉不迷。小弟鄰莊尚漁獵。一封書寄數行啼。

【校】

△別李浦之京　玻璃版唐人選唐詩作送康浦之京。

△鄰莊　品彙莊作庄。

△寄　玻璃版唐人選唐詩作去。

△數行啼　玻璃版唐人選唐詩數作鴈。唐詩選啼作唬。

【注】

△李浦　唐射洪人。著補履十卷，皆孟軻揚雄之旨。以宰相張延賞表薦，拜右拾遺。正色抗辭，當朝敬憚。

△京　指長安。

△灞陵　在長安城東。

△不迷　言猶歷歷在目也。

【箋】

△吳昌祺云：「李浦少伯鄉人，因居止接近而念其弟也。故園所在，情不能忘而弟猶爲少年之事，故緘書繼之以泣。」

△鍾惺云：「孝友言外。」

△樊桐云：「不迷猶能歷歷在目也。」

△譚元春云：「別李浦之京，祇是托他寄書語耳，不迷二字，可想其惓惓囑付之意。」

武陵龍興觀黃道士房問易因題

齋心問易太陽宮。八卦眞形一氣中。仙老言余鶴飛去。玉清壇上雨濛濛。

【校】

△因題一作贈　黃氏本、詩紀、唐詩選並同無注。

△余　文苑英華、詩紀、全唐詩、唐詩選並作餘。

△去　唐詩選作厺。

△壇上　文苑英華壇作壔。

【注】

△觀　道家之祠廟爲觀。

△齋心　謂一志虛心也。詳齋心詩。

△八卦　乾坤震艮離坎兌巽也。易繫辭：「古者包犧氏之王天下也，仰則觀象於天，俯則觀法於地，觀鳥獸之文與地之宜，近取諸身，遠取諸物。於是始作八卦，以通神明之德，以類萬物之情。」

△眞形　本來之形象也。

△一氣　謂混然之氣也。晉書涼武昭王暠傳論：「猶混成之先大帝，若一氣之生兩儀。」

△玉淸壇　壇名。玉淸，道家三淸之一。道書謂四人天外有三淸境：聖登玉淸，眞登上淸，仙登太

清。

△濛濛　微雨貌。

西宮秋怨

芙蓉不及美人粧。水殿風來珠翠香。却恨含啼掩秋扇。空懸明月待君王。

【校】

△西宮秋怨　文苑英華作長信宮錄二首另首爲西宮夜靜百花香。

△粧　品彙、詩紀、紀事、全唐詩、唐詩選並作妝。

△卻恨　詩紀、紀事、三昧集、唐詩選並作誰分。全唐詩作誰分注云一作問。文苑英華作誰問注云一作分。

△含啼　品彙、三昧集、李于鱗唐詩選並作含情。詩紀、全唐詩並同注云一作卻恨含情。

△君王　紀事王下注云啼一作精。

【注】

△西宮　別宮也，媵妾所居。在西，秋之象也。公羊僖二十：「西宮災，西宮何，小寢也。」注：「西宮者，小寢內室，楚女所居也。禮諸侯娶三國女，夫人居中宮，少在前，右媵居西宮，左媵居東宮，少在後。」

△芙蓉不及美人粧　西京雜記：「卓文君臉如芙蓉。」芙蓉，蓮花之別名。後遂以芙蓉喻女子之

臉。此言宮人天然花貌，又加豔麗之妝，而芙蓉不若，宜乎君王之來幸也。

△珠翠香　言珠翠飄香，芙蓉不及，倩麗如此，又宜乎君王之來幸也。

△卻恨含情掩秋扇　秋扇，班婕妤怨歌行：「裁成合歡扇，團團似明月。常怨秋節至，涼飇奪炎熱。棄捐篋笥中，恩情中道絕。」此寫美人之望幸雖深，卻恨含情難吐，空對著過時之秋扇棄捐不用，只得掩卻而自傷恩情之中絕。

△空懸明月待君王　言明月當秋，清光正好，但君王不至，亦是空懸。然猶有待者，心不能忘情於君王，不敢絕望也。

【箋】

△樊桐云：「言珠翠有香，芙蓉不能及，無如情雖深而扇已棄，徒入夜而望君王耳。」

△唐汝詢云：「香字跟着芙蓉來。」又云：「語意渾雅，不當解以膚淺穿鑿，俟妙悟者求諸言外。」

△升菴詩話：「王昌齡長信秋詞：芙蓉不及美人粧，水殿風來珠翠香。卻恨含情掩秋扇，空懸明月待君王。司馬相如長門賦：懸明月以自照兮，但清夜於洞房。此用其語，如李光弼將子儀之師，精神十倍矣，作詩者其可不熟文選乎？」

春宮曲

昨夜風前露井桃。未央前殿月輪高。平陽歌舞新承寵。簾外春寒賜錦袍。

【校】

△春宮曲　徐氏本唐文粹作殿前曲。全唐詩同注云唐人絕句作殿前曲。
△風前　徐氏本唐文粹、品彙、詩紀、全唐詩、唐詩歸、唐詩選、李于鱗唐詩選、薈編唐詩前並作開。
△桃　品彙作㚏。
△新承寵　全唐詩同承下注云一作承新。
【注】
△春宮曲　樂府曲名，爲宮怨十九曲之一。
△風開露井桃　風開井邊桃樹，言夜暖也。露井，井無覆者。古樂府：「桃生露井上。」梁簡文帝詩：「飛花入露井。」按以露井桃興起平陽承寵也。
△未央　漢宮名。在今陝西省長安縣西北長安故城中。蕭何治未央宮，立東闕北闕，前殿武庫大倉周廻二十八里。武帝紀：「殯于未央前殿。」
△月輪高　言夜深也。
△平陽歌舞新承寵　漢書外戚傳：「孝武衞皇后字子夫，爲平陽主（公主）謳者，武帝過平陽旣飲，謳者進，帝獨悅子夫，賜平陽主金千斤。」此以借喩得寵之宮人。用新字，有棄舊圖新之意。
△簾外春寒賜錦袍　此言恩寵已極，卽夜宴未寒而忽指以爲簾外春寒，遂以錦袍賜之。獨賜與歌舞

者，深怨之情，含乎其內。

【箋】

△吳昌祺云：「此失寵者羨得意者。言風開井桃，春旣暖矣，乃月高之際，念春寒而賜歌舞者以錦袍，其得君何如哉！」

△明楊愼升菴詩話：「王昌齡殿前曲，昨夜風開露井桃云云，此詠趙飛燕事，亦開元末納玉覆時，借漢爲喻也。」

△王湘綺云：「言無寵者獨寒也。」

△鍾惺云：「就事實寫情寫景，合來無痕，亦在言外，不曾說破。」

△譚元春云：「寵麗語，蓄意悲涼，此眞悲涼也。」

△沈德潛唐詩別裁：「只說他人之承寵，而己之失寵，悠然可會，此國風之體也。」

△說時晬語：「王龍標絕句，深情幽怨，意旨微茫，昨夜風開露井桃一章，只說他人之承寵，而己之失寵，悠然可思，此求響於絃指外。玉顏不及寒鴉色兩言，亦復優柔婉約。」

李倉曹宅夜飮

霜天留飮故情歡。銀燭金爐夜不寒。欲問吳江別來意。青山明月夢中看。

【校】

△李倉曹　詩紀、全唐詩、三昧集、唐詩選並作李四倉曹。

△留飲　詩紀作留後。全唐詩飲作後注云一作飲。

△金爐　唐詩選爐作鑪。

△別來意　全唐詩同意下注云一作處。

【注】

△倉曹　官名，主倉穀事。後漢屬太尉，唐改左右尉，爲王府之官屬。

△霜天留飲故情歡　此言倉曹故情之厚，故留飲於寒夜也。讀曲歌：「相見論故情。」

△銀燭金爐夜不寒　言倉曹器用之美，因此歡雖霜天而不覺其寒。江總詩：「挂纓銀燭下。」吳均詩：「金爐香炭變成灰。」

△若問吳江別來意　謂己於別後念倉曹之故情，其意若何。張翰歌：「吳江水兮鱸魚肥。」吳江，卽吳淞江之別稱，古稱笠澤，俗名蘇州河。在江蘇省境。

△青山明月夢中看　江上青山，山間明月，最易移情。然情深於故友，則雖山月，亦如在夢中看耳。

【箋】

△樊桐云：「言問我前日之意，則在夢寐常相思也。」

浣紗女

錢塘江畔是誰家。江上女兒全勝花。吳王在時不得出。今日公然來浣紗。

【校】

△浣　詩紀作。

【注】

△錢塘江　浙江流至杭州城東南稱錢塘江。

△吳王　夫差也。曾敗困勾踐於會稽，以報父仇；勾踐賂吳太宰嚭以美女寶器行成於吳，夫差許之；後爲勾踐所滅。

【箋】

△譚元春云：「味公然二字，似恨似幸。」

△圍爐詩話：「賀黃公曰王江寧錢塘江上是誰家，江上女兒全勝花；吳王在時不敢出，今日公然來浣紗。直以西施譽之，借吳王作波，妙甚。喬謂此種詩思，宋人已絕。」

閨　怨

閨中少婦不曾愁。春日凝粧上翠樓。忽見陌頭楊柳色。悔教夫壻覓封侯。

【校】

△不曾　品彙、唐詩選、李于薈唐詩選、薈編唐詩曾並作知。

△粧　品彙、詩紀、全唐詩、唐詩選、薈編唐詩並作妝。沈氏本才調集作粧。

△壻　黃氏本、品彙、李于鱗唐詩選並作婿。

△覔　沈氏本才調集。唐詩選、唐詩歸、全唐詩、李于鱗唐詩選、薈編唐詩並作覓。

【注】

△閨怨　樂府曲名。怨思二十五曲之一。

△閨中少婦不知愁　滑稽傳：「東方朔取少婦于長安中。」少而曰婦，知其已有丈夫。婦而曰少，所以離愁尚淺。以年輕故不知愁之爲苦，且未有觸動也。

△春日凝粧上翠樓　凝粧猶言盛粧，塗黃粉於額際，乃是裝作女兒模樣。翠樓，漆有青綠色之樓，與紅樓青樓皆指閨閣。江淹楚辭：「日華粲於芳閣，月波披於翠樓。」此言少婦不出閨門，今當春日而爲此凝粧，則是自己早省著非閨女矣；而上翠樓有所眺望，正是其不知愁處。

△陌頭　謂田間也。

△悔教夫壻覔封侯　言夫壻從軍，爲覔取封侯計也。向日已教之去矣，今見陌頭春色，感夫壻之一去無音，早知去而不來，遂悔當初之勸行也。

【箋】

△明楊愼升菴詩話：「唐人詩句，不厭雷同，絕句尤多，試舉其略，如忽見陌頭楊柳色，悔教夫壻覓封侯，王昌齡春閨怨也。而李頎春閨怨亦云：紅粉女兒窗下羞，畫眉夫壻隴西頭；自怨愁一作冶容長照鏡，悔教征戍覓封侯。」

△謝疊山曰：「此本人情而言，唐人有遠將歸之曲，其末句云：『去願車輪遲，回思馬蹄速；但令

在家相對貧，不願天涯金遶身。』亦此意也。」

△李氏攀龍曰：「不知、忽見、悔教，有轉折，是章法。」

△黃家鼎曰：「淺而近，深而眞，一句一折，波瀾横生。」

△唐汝詢曰：「傷離者莫甚於從軍，故唐人閨怨，大抵皆征婦之詞也。知愁，則不復能凝妝矣；凝妝上樓，明其不知愁也。然一見柳色而生悔心，功名之望遙，離索之情亟也。蟲鳴思覯，南國之正音；萱草痗心，東遷之變調。閨中之作，近體之二南歟？」

送狄宗亭

秋在水清山暮蟬。洛陽樹色鳴皐煙。送君歸去愁不盡。又惜空度凉風天。

【校】

△狄宗亭　徐氏本唐文粹亭作亭。

△皐煙　徐氏本唐文粹作皐烟。唐文粹皐作皐。黃氏本、唐詩選皐作臯。全唐詩煙作烟。

△去　唐詩選作么。

【注】

△鳴臯　山名。在河南省嵩縣東北，陸渾山東。山下有鳴臯鎭，一稱九臯山。

【箋】

△鍾惺云：「不使俗人容易上口妙妙。」

△譚元春云：「奧甚傲甚。」又云：「首一句從何處拆開何處運思，鈍漢以爲脫誤妙甚。」

△唐汝詢云：「亦拗體之佳者。」

蕭駙馬宅花燭

青鸞飛入合歡宮。紫鳳㘅花出禁中。可憐今夜千家裏。銀漢星回一道通。

【校】

△蕭駙馬宅　品彙、類苑無宅字。

△啣　黃氏本作㘅。詩紀、類苑、全唐詩作銜。

△千家　黃氏本、品彙、詩紀家並作門。全唐詩作門注云一作家。

△星回　詩紀、全唐詩並同注云一作槎。

【注】

△蕭駙馬　駙馬，官名。漢置駙馬都尉，駙，副也：謂掌副車之馬也。魏晉以後，尙公主者必拜此官。趙葵行營雜錄：「皇女爲公主，其夫必拜駙馬都尉，故謂之駙馬。」按蕭駙馬名衡，尙新昌公主，天寶六載身亡，公主因請度爲女冠，遂立新昌觀。

△花燭　舊俗結婚皆燃花燭，後遂用爲正式結婚之代辭。何遜詩：「如何花燭夜，輕扇掩紅妝。」

△青鸞　鳳屬，多赤色者鳳，多青色者鸞，見洽聞記。

△合歡宮　疑當作合歡殿，漢都長安之宮殿名。一作合驩殿。黃圖曰：「武帝時後宮八區有昭陽、

飛翔、增成、合歡、蘭林、披香、鳳凰、鴛鴦等殿。」

△銀漢　即銀河。鮑照詩：「銀漢傾露落。」

△星回　歲星復回，言一年已盡也。禮記月令：「季冬之月，星回于天，數將幾終，歲且更始。」

西宮春怨

西宮夜靜百花香。欲卷珠簾春恨長。斜抱雲和深見月。朧朧樹色隱昭陽。

【校】

△西宮春怨　文苑華作長信宮錄二首，另首爲芙蓉不及美人粧。

△西一作空宮　徐氏本唐文粹、品彙、黃氏本、詩紀、紀事、文苑英華、三昧集、唐詩歸、唐詩選、李于鱗唐詩選並同無注。

△卷　文苑英華、徐氏本唐文粹、品彙、詩紀、全唐詩、三昧集、唐詩歸、李于鱗唐詩選並作捲。紀事作掩。

△珠簾　李于鱗唐詩選珠作朱。

△深　唐詩選作湥。全唐詩同注云一作渾。

△朧朧　徐氏本唐文粹、紀事、三昧集、唐詩歸、唐詩選並作朦朧。全唐詩作朦朧，朦下注云一作朧。詩紀作朦朧注云一作朧朧。

△隱　全唐詩同注云一作隔。

△昭陽　紀事昭作朝。

【注】

△西宮春怨　樂府曲名，怨思二十五曲之一。

△夜靜百花香　君王不來故夜靜，帷靜故聞簾外百花之香而撩動人心也。古樂府：「兼送小苑百花香。」

△欲卷珠簾春恨長　拾遺記：「吳貫細珠爲簾。」言爲花香月色所動故欲捲簾，然以春恨方長，故無力捲之也。

△斜抱雲和深見月　雲和，山名。周禮春官大司樂：「雲和之琴瑟。」北齊明堂歌：「孤竹之管雲和絃，神光未下風肅然。」則絃瑟因山爲名也。按此言簾不成捲乃去抱雲和之瑟，抱而不彈，故斜抱而深見簾外之月，無非是愁境也。以瑟從旁出故云斜。宮殿數重，月在簾外不易覩故曰深見。

△朧朧樹色隱昭陽　吳均詩「朧朧樹裏月。」江淹詩：「風光多樹色。」漢書：「趙皇后弟爲昭儀，居昭陽舍。」按昭陽宮，趙昭儀得寵所居也。言今從簾外望月，似有朧朧樹色，隱著昭陽。只因心中想著昭陽而怨恨，故所見無非昭陽也。

【箋】

△吳退菴胡甘亭云：「不言怨而怨自深，詩可以怨，其在斯乎；」

△樊桐云：「少伯用意如武帝望李夫人，可見不可即，是官詞第一手。抱雲和有不忍彈之意，後二

句言樹色朧朧，乃昭陽殿也，只此已足。」

△鍾惺云：「妙在全不說著自家。」

△譚元春曰：「斜抱雲和，以態則至媚，以情則至苦。予猶謂朦朧樹色句，反淺一著耳。」按此詩生命，在「斜抱雲和深見月。」一句，含有無限怨情。

△吳昌祺曰：「班姬居長信，其宮在西，故曰西宮。言衣靜花香，景極佳矣，將捲簾待月而春恨方長，於是抱琴以出，則昭陽爲樹色所隱，一見而不可得矣。簾既不捲，瑟從旁出，故云斜。宮殿數重，月不易覩，故云深。」

青樓怨

香幃風動花入樓。高調鳴箏緩夜愁。腸斷關山不解說。依依殘月下簾鉤。

【校】

△腸　黃氏本作膓。

【注】

△香幃　芬芳華美之幃帳。

△高調　謂高其音調也。

△關山　謂關與山也。木蘭辭：「萬里赴戎機，關山度若飛。」

採蓮曲二首

其一

吳姬越艷楚王妃。爭弄蓮花水濕衣。來時浦口花迎入。採罷江頭月送歸。

【校】

△採蓮曲二首　全唐詩採作采。詩紀作采蓮曲。

△艷　品彙、唐詩歸並作豔。全唐詩、唐詩選作豔。

△蓮花一作舟　黃氏本、品彙並同無注。詩紀、全唐詩。唐詩歸、唐詩選花並作舟無注。

△濕　唐詩選作溼。

△採罷　詩紀、全唐詩、唐詩歸、唐詩選採並作采。

【注】

△採蓮曲　樂府清商曲辭名。梁武帝製，江南弄七曲之一，詞中多述男女相思之情。樂錄：「草木二十四曲內有采蓮曲。」又：「採蓮曲和云：『採蓮渚，窈窕舞佳人。』」古辭：「江南可採蓮，蓮葉何田田。」按秦川唱採蓮歌起齊景公。景公進採蓮舟，令宮人綵女撐之，以後遂以入樂府之曲。

△吳姬越艷楚王妃　此蓋舉三國採蓮之最盛者言。

△浦口　大水之有小口別通者。

【箋】

△吳昌祺云：「採蓮盛於三國，故並舉之，非三國之女會也。下聯描寫採蓮之景。」

△唐汝詢曰：「采蓮之戲，盛於三國，故並舉之。下聯描寫采蓮之景如畫。」

其二

荷葉羅裙一色裁。芙蓉向臉兩邊開。亂入池中看不見。聞歌始覺有人來。

【校】

△裙　唐詩選作帬。

【注】

△一色裁　言其綠色相映如一。蕭子顯詩：「楊柳千條共一色。」

△芙蓉　蓮花也。

△向臉兩邊開　蓮女由花中行，故花向兩邊開也。

△亂入池中看不見　因採蓮女之貌與花無異，女貌花容，從此相亂，故不相見也。

△聞歌始覺有人來　聞歌而覺有人，所以足看不見三字之意以爲合也。

【箋】

△樊桐云：「此其不佳，宜爲藏拙。」

△唐汝詢曰：「采蓮之女，與蓮同色，聞歌始覺其有人也。」

△鍾惺云：「從亂字看字聞字覺字，耳目心三處參錯說出詩來。若直作衣服容貌相夸示，則失之遠

矣。」

△四溟詩話：「貢有初泰父尚書姪也，刻意於詩。嘗謂予曰：荷葉羅裙一色裁，芙蓉花臉兩邊開；棹入橫塘尋不見，聞歌始覺有人來。王昌齡採蓮詞也。詩意謂葉與裙同色，花與臉同色，故棹入花間不能辨。及聞歌聲，方知有人來也。用意之妙，讀者皆草草看過了。」

題朱鍊師山房

叩齒焚香出世塵。齋壇鳴磬步虛人。百花仙醞能留客。一飯胡麻度幾春。

【校】

△磬　唐文粹、品彙、詩紀、全唐詩並作磬。

【注】

△鍊師　唐六典：「道士德士德高思精者，謂之鍊師。」

△山房　山中之寺院也。

△齋壇　祭天之所也。

△步虛人　謂道士也。與步虛子同。

△仙醞　仙界之美酒。

△胡麻　植物名，種子有黑白兩種，供食用及榨油用，沈存中筆談謂漢張騫至大宛，始得其種，故名胡麻，名見本草。續齊諧記：「永平中，劉晨阮肇入天台山採藥。見二女，顏容絕妙，便喚劉

阮始名，因邀至家，設胡麻飯與食之。」

聽流人水調子

孤舟微月對風林。分付鳴箏與客心。嶺色千重萬重雨。斷絃收與淚痕深。

【校】

△風林　四部縮印河嶽英靈沈氏本、詩紀、全唐詩、三味集、唐詩歸、唐詩選風並作楓。

△深　唐詩選作滚。滚古深字。

【注】

△流人　謂有罪而處流刑者，又謂流亡在外者。此似指前者言。

△水調子　卽水調歌，樂府近代曲名。樂府詩集：「水調，商調曲也。舊說：水調、河傳，隋煬帝幸江都時所製。王令言聞而謂其弟子曰：『但有去聲，而無回韻，帝不返矣。』後竟如其言。按唐曲凡十一疊，前五疊爲歌，後六疊爲入破。其歌第五疊五言，調聲最爲怨切，故白居易詩『五言一遍最殷懃』云云，蓋指此也。唐又有新水調，亦商調曲。」按此篇爲龍標謫遣度嶺時所作，故聽流人水調，倍覺悽然。況月夜舟行，嶺雲鬱爲濃雨，能不泣下霑襟，肝腸箏弦俱斷乎？

【箋】

△譚元春云：「光景靜妙。」

宴春源

源向春城春幾重。江明深翠引諸峯。與君醉失松溪路。山館寥寥傳暝鐘。

【校】

△春幾重　品彙、全唐詩、唐詩選春並作花。

△深　唐詩選作淺。

△松溪　詩紀、唐詩歸溪作谿。

△寥寥　品彙作寀寀。

【注】

△春源　春日之郊野也。

△寥寥　空虛貌。

【箋】

△譚元春云：「引字富景曲至可想。」

△唐汝詢云：「此作幽勝，本品彙所收。」

△鍾惺云：「傳字跟失字有情。」

龍標野宴

沅溪夏晚足涼風。春酒相攜就竹叢。莫道絃歌愁遠謫。青山明月不曾空。

【校】

△野宴　品彙作墅。

△溪　詩紀作谿。

△携　黃氏本、詩紀作擕。品彙作攜。全唐詩、唐詩選作攜。

【注】

△龍標　山名。卽龍標山，在湖南省黔陽縣治東。唐時始作標。李白詩：「聞道龍標過五溪。」

△沅溪　蓋卽沅水、沅江。有南北二源，北源卽潕水，南源卽淸水江。二源皆出貴州省境，東北流入湖南省境，合於黔陽縣西始名沅水。東北流左納辰、武、酉三水，右納巫、溆二水，經常德縣南入洞庭湖。尙書日記：「楚中九江，五曰沅江，出沅州西蠻界。」按沅州，今湖南省芷江縣。

△春酒　酒名，春造冬熟之酒。文選張衡東京賦：「因仗力以息勤，致歡欣於春酒。」注：「春酒，謂春時作至冬始熟也。」

觀　獵

角鷹初下秋草稀。鐵驄抛鞚去如飛。少年獵得平原兎。馬後橫捎意氣歸。

【校】

△秋草　唐詩選草作艸。

△鐵驄　品彙作銕驄。黃氏本、徐氏本唐文粹、全唐詩、唐詩選並作鐡驄。

△去　唐詩選作厺。

△兎　詩紀、全唐詩、唐詩選並作兎。

△馬後　品彙後作上。詩紀、全唐詩並同注云一作上。

△捎　品彙作梢。

【注】

△角鷹　鷲之一種。性凶猛，營巢於高樹上，捕食小動物。

△鐵驄　驄，馬青白雜毛也。鐵喻其強悍。

△鞚　馬勒也。

△捎　俗謂寄也，帶也。韻會：「捎取也。」

△意氣　謂意態與氣概也。史記管晏列傳：「意氣揚揚，甚自得也。」

梁　苑

梁園秋竹古時煙。城外風悲欲暮天。萬乘旌旗何處在。平臺賓客有誰憐。

【校】

△煙　全唐詩、三昧集並作烟。

【注】

△梁苑　又稱梁園，漢時梁孝王所營之兎園也。西京雜記：「梁孝王好營宮室苑囿之樂，作曜華之宮，築兎園；園中有百靈山，山有膚寸石、落猿巖、棲龍岫；又有鴈池，池間有鶴洲鳧渚；其諸

宮觀相連延亙數十里，奇果異樹，瑰禽怪獸畢備，王日與宮人賓客弋釣其中。」漢枚乘、梁江淹各有梁王兎園賦，史記謂之東苑，其地當今河南省商丘縣治東。按梁孝王，文帝第二子，名武。立爲代王，徙淮陽，又徙梁。作曜華宮及兎園，招延四方豪傑，自是山東游士多歸之。栗太子廢，太后欲以爲嗣，爲爰盎等所格，王使人刺殺盎。後入朝，欲留，勿許。歸國卒，諡孝。

△秋竹　九域志：「睢陽郡梁孝王東苑中有修竹園。」宋玉賦：「爲秋竹積雪之曲。」

△古時煙　言猶有當年煙雨迷離之態。

△萬乘旌旗　史記：「梁孝王得賜天子旌旗，出從千乘萬騎。」

△平臺　戰國時梁武王所築。故址在今河南省商丘縣東北平臺集。

【箋】

△樊桐云：「古時煙言猶有當年煙雨迷離之態。」

送薛大赴安陸

津頭雲雨暗湘山。遷客離憂楚地顏。遙送扁舟安陸郡。天邊何處穆陵關。

【注】

△安陸　故治在今湖北省安陸縣。

△津頭　渡口也。

△遷客　有罪流徙遠方之人。

△離憂　遭遇憂患也。
△楚地　今湖南湖北兩省之通稱。
△穆陵關　表海圖：「穆陵關在淄州兩山間，所謂南至于穆陵者也。」清一統志：「穆陵關在青州府大峴山上。」按大峴山在山東省臨朐縣東南，上有穆陵關，山道絕險。

【箋】
△吳昌祺云：「當雲雨晦冥之際，君有楚中之行，故我念其所往之地而穆陵若在天際也。少伯時方謫居，故稱遷客。」
△蔣一葵云：「見得安陸迢遠。」
△樊桐曰：「此以薛北行而興慨離憂，乃少伯自言，非憂薛也；末句乃羨其地耳。」

甘泉歌

乘輿執玉已登壇。細草霑衣春殿寒。昨夜雲生拜初月。萬年甘露水晶盤。

【校】
△草　唐詩選作艸。

【注】
△甘泉歌　秦之民謠，琅琊代醉編甘泉歌：「始皇作驪山陵，州廻跨陰盤縣，界水背陵，鄣使東西流，運大石於渭北。諸民怨之，作甘泉之歌。」

△乘輿　天子所乘之車。
△初月　新月也。
△甘露　瑞應圖：「甘露，美露也。神靈之精，仁瑞之澤；其凝如脂，其甘如飴。一名天酒。」按古以甘露爲瑞徵，謂天下昇平則甘露降。史册常特記之。

芙蓉樓送辛漸

其　一

寒雨連江夜入吳。平明送客楚山孤。洛陽親友如相問。一片氷心在玉壺。

【校】
△送辛漸　黃氏本、詩紀、全唐詩、品彙漸下並作二首。文苑英華漸下有長字，只錄丹陽城一首。
△連江　徐氏本唐文粹、詩紀、全唐詩江並作天。
△吳　詩紀、全唐詩並作湖。
△氷　徐氏本唐文粹、全唐詩、唐詩選並作冰。

【注】
△芙蓉樓　元和郡縣志曰：「江南道潤州晉王恭爲刺史，改創西南樓名萬歲樓，西北樓名芙蓉樓，太平寰宇記江南東道潤州丹徒縣，與地紀勝兩浙西路鎭江府引京口記並同。」淸統志曰：「江蘇鎭江府萬歲樓在丹徒縣西南城上，晉王恭改創西南樓名萬歲樓，又嘗改西北樓爲芙蓉樓。」按在

江蘇省鎮江縣城西北隅，臨大江。

△入吳　鎮江古屬吳地，少伯與辛漸同舟渡江來此，故云。此蓋少伯以汜水尉遷江寧丞時所作。

△送客　送辛漸入洛也。汜水西距洛陽不遠，故下聯云云。

△楚山孤　言清曉送行，君將依山而去，因看楚山孤峙，難免離索之感。越滅吳，楚又滅越，鎮江乃屬楚地，故謂其地之山爲楚山。史記貨殖傳：「彭城以東，東海、吳、廣陵，東楚也。」此詩稱鎮江地方，分用吳楚二字，蓋因平仄押韻關係。

△冰心在玉壺　謂我宦情已冷，如片冰之貯玉壺，日就清虛而相得也。玉壺，玉製之壺，喻高潔。鮑照詩：「直如朱絲繩，清如玉壺冰。」

【箋】

△吳退庵、胡甘亭云：「自矢情操也。」

△蔣一葵曰：「送客另有一法。」

△唐汝詢曰：「倘親友問我之行藏，當言心如冰冷，日就清虛，不復爲宦情所牽矣！」

△徐季龍云：「可謂入神之筆。」

△吳昌祺曰：「言我方冒雨夜行，君則依山曉發，當爲我言，心如冰壺，不復爲宦情所牽矣。」又云：「入吳當是言雨，吳亦爲楚地，故曰楚山，若不言宦情之薄則自誇矣。」

△周敬瑜唐詩絕句選釋：「此詩一二兩句，景中寓情，三四兩句，送辛漸而不及辛漸之事，惟請其

傳言親友，實開送別詩之另一法門。」

其　二

丹陽城南秋海陰。丹陽城北楚雲深。高樓送客不能醉。寂寂寒江明月心。

【校】

△南　文苑英華作東。

△陰　唐詩選、全唐詩作陰。文苑英華作深。

△深　唐詩選作湲。文苑英華作陰。

△不能　文苑英華作不知。

【注】

△丹陽城　故城在今江蘇江寧縣東南五里。

【箋】

△沈德潛唐詩別裁：「言己之不牽於宦情也。」

重別李評事

莫道秋江離別難。舟船明日是長安。吳姬緩舞留君醉。隨意青楓白露寒。

【注】

△重別　別時留戀難捨，以至於重別也。

△評事　官名。漢置廷尉平，隋改爲評事，屬大理寺，掌平決刑獄。

△舟船　船也。魏碣石篇：「舟船行難。」按此二句言非別之難，乃別前之難耳。

△吳姬緩舞留君醉　吳姬，吳地之女。緩舞，舒遲以舞也。言君去甚急，唯藉吳姬緩舞之力以留之。君心越急，吳姬越緩，庶幾可以冀君一醉耳。

△隨意青楓白露寒　隨意，猶言任他。白露寒，禮記月令：「孟秋之月，白露降，寒蟬鳴。」邵陵王綸詩：「隨意晚還家。」柳惲詩：「高門白露寒。」言醉後忘情，隨意所適。雖以秋楓之將落，衣露之相侵，而不覺其寒氣迎人，則歡之至矣。

【箋】

△全唐詩說：「王少伯吳姬緩舞留君醉，隨意青楓白露寒。緩字與隨字照應，是句眼甚佳。」

△吳昌祺云：「題云重別，正以向者有難分之意，今則必不能留，是非難也。然明旦雖別，今宵猶可盡歡，于是使吳姬緩舞相留醉而忘情，當不覺寒露之侵入也。」

△唐汝詢云：「和緩有情。」

△樊桐云：「予謂不難者，以明日長安得近天子也。隨意者，任其自適，言李之樂以見己之愁。」

別陶副使歸南海

南越歸人夢海樓。廣陵新月海亭秋。寶刀留贈長相憶。當取戈船萬戶侯。

【校】

△夢　全唐詩作夢。

【注】

△副使　正使之屬僚，唐代節度使、團練使皆副使。唐書百官志：「各軍各置使一人，五千以上，有副使一人。萬人以上，有營田副使一人。」

△南海　古地名。位屬今廣東省番禺縣東南。

△南越　亦作南粵，約今廣東廣西兩省地。

△戈船　戰船也。漢書武帝紀：「元鼎五年，遣樓船將軍楊僕出豫章，下湞水；歸義越侯嚴爲戈船將軍，出零陵，下離水。」注：「臣瓚曰：『伍子胥有戈船以載干戈，因謂之戈船。』宋祁曰：『戈船，設干戈於船上以禦敵也。』」

△萬戶侯　漢制食邑萬戶之侯爵。

送人歸江夏

寒江綠水楚雲深。莫道離憂遷遠心。曉夕雙帆歸鄂渚。愁將孤月夢中尋。

【校】

△送人歸江夏　玻璃版唐人選唐詩作送單十三晁五□。

△寒江　全唐詩同注云一作天。

△綠水　玻璃版唐人選唐詩水作竹。

△深　唐詩選作湊。
△離憂　玻璃版唐人選唐詩憂作居。
△夢　全唐詩作夢。

【注】
△江夏　今湖北省武昌縣。
△楚雲　楚地之雲。
△鄂渚　在湖北省武昌縣西長江中。輿地紀勝：「在黃鵠磯上三百步。隋立鄂州，以渚故名。」

送李五

玉盌金罍傾送君。江西日入起黃雲。扁舟乘月暫來去。誰道滄浪吳楚分。

【注】
△玉盌　盌，小盂也，俗作碗。琢玉爲盌也。
△金罍　酒器名。
△滄浪　謂爲漢水之別流，而又以爲卽夏水。史記夏本紀索隱：「馬融、鄭玄皆以滄浪爲夏水，卽漢河之別流。」
△吳楚　今江蘇及湖南湖北省境。古時分別爲吳楚之地。

送十五舅

深林秋水近日空。歸棹演漾清陰中。夕浦離觴意何已。草根寒露悲鳴蟲。

【校】

△深　唐詩選作湠。

△陰　全唐詩作陰。

△草　唐詩選作艸。

【注】

△演漾　盪漾也。文選阮籍詠懷詩：「汎汎乘輕舟，演漾惟所望。」

△離觴　別離時所持飲之酒杯，謂之離觴。

留別郭八

長亭駐馬未能前。井邑蒼茫含暮烟。醉別何須更惆悵。回頭不語便垂鞭。

【校】

△烟　黃氏本、詩紀、全唐詩、唐詩選並作煙。

△便　唐詩選作但。詩紀、全唐詩並作但注云一作便。

【注】

△長亭　白帖：「十里一長亭，五里一短亭。」世常用爲送別之詞。王褒詩：「河橋望行旅，長亭送故人。」

△井邑　周制，九夫爲井，四井爲邑。

送竇七

秋江月色傍林秋。波上熒熒望一舟。鄂渚輕帆須早發。江邊明月爲君留。

【校】

△秋江　全唐詩、唐詩選秋並作清。

【注】

△熒熒　謂星月之光。釋善住詩：「熒熒見小星。」

巴陵送李十二

搖拽巴陵洲渚分。清江傳語便風聞。山長不見秋城色。日暮蒹葭空水雲。

【校】

△送李十二　玻璃版唐人選唐詩送作別。

△拽　唐詩選作曳。詩紀、全唐詩並作曳。玻璃版唐人選唐詩作枻。

△清江　玻璃版唐人選唐詩江作波。

【注】

△李十二　疑指李白。賈至有初至巴陵與李十二白同泛洞庭湖詩。

△巴陵　元和郡縣志：「后羿屠巴蛇於洞庭，其骨若陵，因曰巴陵。」地當今湖南省岳陽縣境。

△洲渚　水渚也。水中小洲曰渚。

△蒹葭　蒹，萑之未秀者，即今人所謂荻也。葭，葦之未秀者。

送裴圖南

黃河渡頭歸問津。離家幾日茱萸新。漫道閨中飛破鏡。猶看陌上別行人。

【注】

△漫道　猶言莫道，休道。漫通莫。

△破鏡　夫婦離別之喻。陳衰亂時，太子舍人徐德言，與妻樂昌公主，知不能相保，乃破鏡各執其半，留作日後復合之證。神異經：「昔有夫婦相別，破鏡各執其半。後其妻與人通，鏡化鵲飛至夫前。後人鑄鏡，背爲鵲形，自此始也。」

△陌上　田間小道之上也。

留別司馬太守

辰陽太守念王孫。遠謫沅溪何可論。黃鶴青雲當一舉。明珠吐着報君恩。

【校】

△辰陽太守念王孫　黃氏本作王念辰陽太守孫。

△沅溪　詩紀、全唐詩溪並作谿。

【注】

△太守　官名。秦置治郡之官曰守，漢改爲太守，歷代因之。

△辰陽　戰國時爲楚地，故城在今湖南省辰溪縣西。地當辰水之陽，故名。

△黃鶴　黃色之鶴，仙人所乘者。湯惠休楊花曲：「黃鶴西北去，銜我千里心。」

盧溪別人

武陵溪口駐扁舟。溪水隨君向北流。行到荊門上三峽。莫將孤月對猿愁。

【校】

△盧溪別人　唐詩歸別作主。唐詩選別作送。全唐詩別作主注云一作別。詩紀、三昧集並作盧谿主人。

△武陵溪　詩紀、三昧集、唐詩歸溪並作谿。

【注】

△扁舟　丹鉛錄：「南史：『天淵池新製鯿魚舟形甚狹，故小舟稱扁舟。』今按史記范蠡乘扁舟浮于江湖，則扁舟非始於南史也。」

△向北流　謂舟北向荊州而行也。

△荊門　荊州記：「郡西泝江六十里南岸有山曰荊門，然唐人多呼荊州爲荊門。」

△三峽　謂瞿唐峽、巫峽、西陵峽也。

△莫將孤月對猿愁　三峽多猿，啼聲淒厲，故慰其至此地，客中月夜，莫對此而生愁也。

【箋】

△吳昌祺云：「乘月聽猿，客思所由生也。」

△樊桐云：「言莫愁者，正以其易生愁也。」

送程六

冬夜傷離在五溪。青魚雪落鱠橙虀。武岡前路看斜月。片片舟中雲向西。

【校】

△傷　唐詩選作觴。全唐詩同注云一作觴。

△溪　詩紀、唐詩歸並作谿。

△虀　唐詩選作齏。

【注】

△青魚　魚名。即五侯鯖也。本草青魚：「釋名，時珍曰：青亦作鯖，以色名也。」

△虀本作韲，亦作䪡，或作虀、齏、齏。凡醯醬所和，細切爲虀。故菜肉之細切者亦通謂之齏。

△武岡　在今湖南省邵陽縣西南。位資水源西北岸。

送朱越

遠別舟中蔣山暮。君行舉首燕城路。薊門秋月隱黃雲。期向金陵醉江樹。

【校】

△暮　品彙作莫。

【注】

△蔣山　即今南京市中山門外之鍾山。相傳三國吳大帝時蔣子文顯神異於此，因改名蔣山。

△燕城　在河北易縣南五里，相傳燕昭王後都於此。東西內外，皆有土臺。

△金陵　即今南京市及江寧縣地。戰國楚爲金陵邑，東晉時謂之金城；唐武德三年改江寧曰歸化，八年改歸化曰金陵。按武德，高祖年號。

別辛漸

別館蕭條風雨寒。扁舟月色渡江看。酒酣不識關西道。却望春江雲尚殘。

【注】

△別館　猶言別觀也，別莊也。禮雜記：「公館者，公宮與公所爲也。」注：「公所爲，君所作離宮別館也。」

△關西　指函谷關以西之地而言。今陝西、甘肅二省亦稱關西。

送柴侍御

沅水通波接武岡。送君不覺有離傷。青山一道同雲雨。明月何曾是兩鄉。

【校】

△侍御　黃氏本御作郎。

△沅水　全唐詩沅作流。
△波　品彙作流。
△雲雨　詩紀雨作南。

【注】
△沅水　亦曰沅江。詳龍標野宴詩注。
△通波　直波也。流動之水也。

【箋】
△唐汝詢云：「伯敬厭套，何不將雲雨明月等事一切掃去，獨存四書語助，點化成文，不亦美乎？卻又選此未免與于鱗音聲相近。又云品彙所收，自然體段不同，于此見廷禮目力。」
△鍾惺云：「與別後同明月一意而翻脫新妙。」又云。「嘗愛昌齡月帶千里貌一語，恨其全首不稱，不能收之，今得此『明月何曾是兩鄉』句釋然。」

西江寄越弟

南浦逢君嶺外還。沅溪更遠洞庭山。堯時恩澤如春雨。夢裏相逢同入關。

【校】
△沅溪　詩紀、全唐詩溪並作谿。
△夢　全唐詩作夢。

△同　品彙作共。

【注】

△西江　卽古鬱水。上源爲桂黔鬱三江，合於廣西省蒼梧縣，東流爲西江。

△南浦　在江西省南昌縣西南，爲往來艤舟之所。

△嶺外　五嶺之外，當今廣東廣西省地。

△洞庭山　卽君山之別稱。詳前注。

從軍行六首

其　一

烽火城西百尺樓。黃昏獨坐海風秋。更吹羌笛關山月。誰那金閨萬里愁。

【校】

△從軍行六首　黃氏本六作五。書棚本國秀集、四那縮印明刋國秀集並錄靑海長雲暗雪山一首作從軍古意。詩紀、全唐詩並作七首（另首關城楡葉見補遺）。

△坐　三昧集作上。詩紀、全唐詩並作上注云一作坐。

△羌笛　四部縮印河嶽英靈沈氏本羌作橫。三昧集、唐詩選羌作羌。詩紀、全唐詩並作羌注云一作橫。

△誰那　黃氏本、品彙、四部縮印河嶽英靈沈氏本、三昧集、唐詩選、李于鱗唐詩選誰並作無。詩

紀、全唐詩並作無那注云一作誰解。

△萬里愁坐一作上 那一作奈　黃氏本、品彙、四部縮印河嶽英靈沈氏本、詩紀、全唐詩、三昧集、唐詩選、李于鱗唐詩選並同無注。

【注】

△從軍行　樂府平調曲名，樂府古題要解：「從軍行皆述軍旅苦辛之詞也。」按言邊軍感秋，萬里思鄉也。

△烽火城　邊塞有土臺，寇來，晝則舉煙，夜則舉火以示警訊之烽火臺，亦曰烽火城。唐時大率三十里一臺。

△百尺樓　烽火城西有百尺高樓，派兵守望，稱爲戍樓。

△海風秋　由青海吹來之秋風。

△羌笛　樂器。風俗通：「漢武帝時丘仲作笛，其後又有羌笛。」陳暘樂書：「羌笛五孔。馬融賦笛謂出於羌中，舊制四孔而已，京房加一孔，以備五音。」按說文云羌笛三孔。

△關山月　漢橫吹曲名。樂府詩集：「樂府解題曰：『關山月，傷離別也。』古木蘭詩曰：『萬里赴戎機，關山度若飛；朔氣傳金柝，寒光照鐵衣。』相和曲有度關山，亦類此也。」

△無那　猶言無奈，無可如何也。

△金閨　指室家言，金乃美稱。

【箋】

△唐汝詢云：「聞邊聲而念及閨人，是軍中常態。」

△吳昌祺曰：「意亦猶人，煉得高朗。無那句言無如深閨遠隔而愁我，若曰我愁則淺一層。」又云：「言戍樓獨坐而聞秋風，感時之念已切，又況笛奏關山，能不想及閨中乎？是以心馳萬里而生愁也。」

△鍾惺曰：「更吹、無那，有轉折。此詩妙味，在後二句，表出無限鄉愁。」

△沈德潛曰：「龍標絕句，深情幽怨，意旨微茫，令人測之無端，玩之無盡，謂之唐人騷語可。」又曰：「萬里之外，念及金閨，能無愁乎？」

其　二

琵琶起舞換新聲。摠是關山離別情。撩亂邊愁聽不盡。高高秋月照長城。

【校】

△摠　黃氏本、品彙、全唐詩、唐詩選並作總。詩紀作總。

△離別　唐詩選離作舊。詩紀、全唐詩並作舊注云一作離。

△撩　全唐詩作撩。

【注】

△聽一作彈　黃氏本、品彙、唐詩選並同無注。

△琵琶　釋名：「琵琶本於胡中馬上所鼓也。推手前曰琵，引卻曰琶，因以爲名。」
△新聲　謂新製樂歌也。漢書李延年傳：「延年善歌爲變新聲。」
△關山　樂府有度關山曲。本言人君當自勤勞，省方黜陟，省刑薄賦也。此敍征人行役之思焉。
△長城　史記蒙恬傳：「築長城，因地形用制險，起臨洮至遼東，延袤萬餘里。」

【箋】

△吳昌祺云：「琵琶起舞，因而更奏新聲，要之，皆離別之情耳。邊聲已不堪聞，其奈何照長城，入耳目者，皆邊愁也。」
△唐汝詢曰：「奏樂所以娛心，今我起舞，而琵琶更奏新聲，本以相樂也，然總之爲離別之情。邊聲已不堪聞，其奈月照長城，入耳目者，皆邊愁也。」又曰：「景中含情更慘。」

其　三

青海長雲暗雪山。孤城遙望玉門關。黃沙百戰穿金甲。不破樓蘭終不還。

【校】

△玉一作鴈門關　全唐詩鴈作雁。書棚本國秀集、四部縮印明刊國秀集玉並作五無注。黃氏本、品彙、明新安汪宗尼校刊本國秀集（簡稱汪氏本國秀集）、李于鱗唐詩選並同無注。
△終　黃氏本作竟。詩紀、全唐詩並同注云一作竟。

【注】

△青海　今青海省東北部。

△雪山　蓋今崑崙山脈之一部分。

△玉門關　亦曰玉關。在今甘肅省敦煌縣西。陽關在其東南，兩關並爲古時通西域之要道。後漢書班超傳：「臣不敢望到酒泉郡，但願生入玉門關。」按以上二句謂青海上空，愁雲長曳，及於雪山，使其暗澹無光。當此陰鬱之際，由戍守之孤城遠望故國之玉關，不勝思鄉之苦。

△金甲　鐵衣也。蔡琰詩：「金甲耀日光。」此句謂在沙漠中身經百戰，金甲已洞穿也。

△樓蘭　漢西域諸國之一，唐時稱納縛波，此乃沿漢朝舊名。在今新疆省鄯善縣東南戈壁中。按此言哥舒翰城青海，與雪山相接。戍者登城而望，求生入也。因言冒風沙而苦戰久矣，然不破樓蘭，終無還期，悲何如耶。

【箋】

△譚元春曰：「慘中帶雄。」

△鍾惺曰：「語亦悲壯。」

△沈德潛曰：「作豪語看亦可，然作歸期無日看，倍有餘味。」

△隨園詩話云：「音節一事，難以言傳，少陵『羣山萬壑赴金門』，使改羣字爲千字，便不入調。王昌齡『不斬樓蘭更不還』，使改更字爲終字，又不入調。字義一也，而差之毫釐，失以千里，其他可以類推。」

△貞一齋詩說：「音節一道，難以言傳。有略可淺爲指示者，亦得因類悟入。如杜律羣山萬壑赴金門，使用千山萬壑，便不入調，此輕重清濁法也。又如龍標絕句，不斬樓蘭更不還，俗本作終不還，便屬鈍句，此平仄一定法也。又如杜五言，曲留明怨惜，夢盡失懽娛。怨惜換作怨恨，不隱叶，此平仄聲中分辨法也。」

其　四

大漠風塵日色昏。紅旗半捲出轅門。前軍夜戰洮河北。已報生擒吐谷渾。

【校】

△捲　品彙作卷。

【注】

△大漠　廣濶沙漠也。

△轅門　軍營之門。周禮天官掌舍：「設車宮轅門。」疏：「謂仰兩乘車，轅相向以表門，故名爲轅門。」史記項羽紀：「項羽召見諸侯將入轅門。」張宴曰：「軍行以車爲陳，轅相向爲門，故曰轅門。」

△洮河　亦曰洮水。清一統志：「甘肅省蘭州府洮水在狄道州西。」按源出甘肅省臨潭縣西北西傾山；曲折東北流，經岷縣，入臨洮縣，注黃河。

△吐谷渾　唐書李靖傳：「吐谷渾靖邊，帝以靖爲西海道行軍大總管。靖決策深入，遂踰積石山，

大戰數十，多所殺獲，殘其國，國人多降，吐谷渾伏允愁蹙自經死，靖更立大寧王慕容順而還。」新唐書西域傳：「吐谷渾居甘松山之陽，洮水之西，南抵白蘭，地數千里。」按吐谷渾約佔今青海省一帶之民族。

【箋】

△吳昌祺曰：「前章（按指琵琶起舞一首）征戍之怨曲，此章則戰捷之凱歌。吐谷渾既擒，餘寇不復論矣。」

△唐汝詢曰：「江寧從軍五首，大都戍卒旅情，獨此有獻凱意，亦樂府中所不可少。」

△樊桐云：「言發兵以往，出其半而捷音至矣。」

其五

胡瓶落膊紫薄汗。碎葉城西秋月團。明勑星馳封寶劍。辭君一夜取樓蘭。

【校】

△勑　詩紀、全唐詩並作敕。

△樓蘭　全唐詩同注云統籤注云薄汗疑作䮂䮧。

【注】

△落膊　落，通絡。膊，晾乾肉也。蓋謂馬上繫載乾糧也。

△薄汗　疑當作䮂䮧。蕃中馬也。見玉篇。白居易詩：「清管曲終鸚鵡語，紅旗影動䮂䮧歸。」按

說文：「䮍，馬毛長者也。」桂馥注云：「蕃馬毛長故名䮍。」
△碎葉城　在連領中央亞細亞之巴爾喀什湖西。唐時所建。唐書地理志：「碎葉城，調露元年，都護王方翼築。四面十二門，爲屈曲隱伏出沒之狀。」讀史方輿紀要：「碎葉城在焉耆西北，近西突厥之境。」

其　六

玉門山嶂幾千重。山北山南揔是烽。人依遠戍須看火。馬踏深山不見蹤。

【校】
△揔　詩紀、全唐詩、唐詩選並作總。
△深山　唐詩選作淺沙。

殿前曲二首

其　一

貴人粧梳殿前催。香風吹入殿後來。仗引笙歌大宛馬。白蓮花發照池臺。

【校】
△殿前曲二首　徐氏本唐文粹只作殿前曲。
△粧　唐文粹作推。黃氏本作粧。徐氏本唐文粹作糚。全唐詩、唐詩選並作妝。

【注】

△粧梳　謂整容梳髮也。

△笙歌　合笙之歌也。禮記檀弓上：「孔子旣祥，五日彈琴而不成聲，十日而成笙歌。」

△大宛馬　大宛，漢西域諸國之一。北通康居，西南及南與大月氏接。其地自古以產馬名。

其　二

胡殿笙歌西殿頭。梨園弟子和凉州。新聲一段高樓月。聖主千秋樂未休。

【校】

△胡殿　詩紀、全唐詩殿並作部。

△段　全唐詩作段。

【注】

△胡部　謂四夷之音樂。事物紀原樂舞聲歌部胡部：「唐禮樂志曰：自周陳以上，雅鄭淆雜而無別，隋文始分雅俗二部，今俗樂二十八調是也。又有倍四本寫樂形類雅音而曲出於胡部，此名胡部之始也。復有銀字中管之別，皆前代應律之器。後人失其傳而更異名，故俗部諸曲悉源於雅樂。筆談曰：外國之聲，前自別爲四夷樂。唐天寶十三載始詔，法曲與胡部合奏，自此全失古。注以先王之樂爲雅樂，前世新聲與清樂合胡部爲宴樂。」

△梨園　唐玄宗時教授伶人之所。唐書禮樂志：「明皇既知音律，又酷愛法曲；選坐部伎子弟三百，教於梨園，號皇帝梨園弟子；宮女數百，亦稱梨園弟子。」後世稱演劇之所曰梨園；又稱優

伶曰梨園子弟，皆本此。梨園故址在今陝西省長安縣。

△涼州　樂曲名。唐書禮樂志：「天寶間樂曲，皆以邊地爲名，若涼州、甘州、伊州之類。」樂苑：「涼州宮調曲，開元中西涼府都督郭知運進。」亦作梁州。樂府雜錄：「梁州曲本在正宮調，中有大遍小遍，至貞元初康崑崙翻入琵琶玉宸宮調，初進曲在玉宸殿，故有此名，合諸樂卽黃鍾宮調也。」

△新聲　新作之歌曲也。史記律書：「今者來聞新聲。」

【箋】

△容齋詩話：「今樂府所傳大曲皆出於唐而以州名者五，伊涼熙石渭也。涼州今轉爲梁州，唐人已多誤用，其實從西涼府來也。凡此諸曲惟伊涼最著，唐詩詞稱之極多，聊紀十數聯以資談助。如……胡部笙歌西部頭，梨園子弟和涼州。………皆王建、張祜、劉禹錫、王昌齡………諸人之詩也。」

武陵開元觀黃鍊師院二首

其　一

松間白髮黃尊師。童子燒香禹步時。欲訪桃源入溪路。忽聞雞犬使人疑。

【校】

△武陵開元觀黃鍊師院二首　詩紀、全唐詩二並作三。黃氏本作黃鍊師院三首。

△溪　詩紀作谿。

【注】

△二首　當作三首。

△尊師　道士之尊稱。

△禹步　凡步履不相過者，謂之禹步。法言重黎：「巫步多禹。」注：「禹治水土，涉山川，病足，故行跛也，而俗巫多效禹步。」南史陳顯達傳：「黃村潘嫗善禁，先以釘釘柱，嫗禹步作法，釘卽出。」夷門廣牘載玉函秘典禹步法：「閉氣先行左足，次前右足，以左足並右足爲三步也。」

△桃源　山名，在湖南省桃源縣西南。桃源經：「桃源山在桃源縣南十里，西北乃沅水曲流，而南有障山，東帶沙羅溪，周三十有二里，卽桃花源也。」按晉陶潛嘗作桃花源記，謂有漁人誤入桃花源，遇秦時避亂者之後，生聚於其地。出而復往，迷失其處。後人相傳，謂陶潛所記之遺跡，卽桃源山下之桃源洞。

其　二

先賢盛說桃花源。塵忝何堪武陵郡。聞道秦時避地人。至今不與人通問。

【校】

△桃花源　黃氏本作桃源花。

△通　詩紀作間。全唐詩同注云一作間。

【注】

△塵忝　汙辱也。

△武陵郡　今湖南省常德縣。

其　三

山觀空虛清靜門。從官役吏擾塵喧。暫因問俗到眞境。便欲投誠依道源。

【注】

△山觀　山中之道觀。

△眞境　謂仙人之居處也。

送萬大歸長沙

桂陽秋水長沙縣。楚竹離聲爲君變。青山隱隱孤舟微。白鶴雙飛忽相見。

【校】

△楚竹　詩紀竹作行。

【注】

△桂陽　秦長沙郡地，漢初屬長沙國。領郴縣等縣，今湖廣郴州及桂陽州又廣連州皆是其地。

送吳十九往沅陵

沅江流水到辰陽。溪口逢君驛路長。遠謫誰知望雷雨。明年春水共還鄉。

【校】

△溪口　詩紀、全唐詩溪並作谿。

△誰知　全唐詩同誰下注云一作唯。

【注】

△沅陵　在湖南省瀘溪縣東北。故城在今治西南，南朝陳移今治。

△辰陽　故城在今湖南省辰溪縣西。地當辰水之陽，故名。

別皇甫五

漵浦潭陽隔楚山。離樽不用起愁顏。明祠靈響期昭應。天澤俱從此路還。

【校】

△樽　全唐詩作尊。

【注】

△漵浦　在湖南省辰溪縣東。城瀕沅江支流漵水北岸。

△潭陽　縣名，唐置。即今湖南省芷江縣治。

△明祠　神明之祠也。

△靈響　妖異也。

△昭應　謂明而不錯亂也。

△天澤　上天下澤也。

送崔參軍往龍溪

龍溪只在龍標上。秋月孤山兩相向。譴謫離心是丈夫。鴻恩共待春江漲。

【校】

△參軍　全唐詩參作叅。

△溪　詩紀作谿。

【注】

△參軍　官名。東漢靈帝時，陶謙以幽州刺史參司空車騎張溫軍事；晉以後軍府王國乃置爲官員，隋及唐兼爲郡官。

△龍溪　在今福建省同安縣西南。城瀕龍溪北岸。

送鄭判官

東楚吳山驛樹微。軺車銜命奉恩輝。英寮攜出新豐酒。半道遙看驄馬歸。

【校】

△銜　類苑、詩紀、全唐詩並作衘。

△寮　詩紀作僚。全唐詩作僚。

△携　黃氏本、類苑並作擕。詩紀作携。全唐詩作攜。

△騘馬　黃氏本、類苑、全唐詩騘並作驄。

【注】

△判官　官名。唐置，爲節度、觀察等使僚屬。

△東楚　地名、三楚之一。史記貨殖傳：「自淮北沛、陳、汝南、南郡，此西楚也；彭城以東東海、吳、廣陵，此東楚也；衡山、九江、江南、豫章、長沙，此南楚也。」

△吳山　山名。在浙江省杭州市治。春秋時爲吳南界故名。

△軺車　史記季布傳：「朱家迺乘軺車之洛陽。」集解：「徐廣曰：『馬車也。』」索隱：「案謂輕車，一馬車也。」

△英寮　寮，官也，通作僚。猶言傑出之官吏。

△新豐酒　酒名。梁元帝登江州百花亭懷荆楚詩：「試酌新豐酒，遙勸陽臺人。」按新豐，秦曰驪邑，漢置新豐縣；漢高祖定都長安，太上皇思東歸豐，於是高祖改築城寺街里以象豐，徙豐民以實之，故號新豐。故城在今陝西省臨潼縣東。

△驄馬　青驄之馬，英年駿馬也。

送姚司法歸吳

吳掾留觴楚郡心。洞庭秋雨海門陰。但令意遠扁舟送。不道滄江百丈深。

【校】

△送姚司法歸吳　唐詩選作送鄭判官。

△椽　類苑、詩紀、全唐詩、唐詩選並作掾。

△扁舟送　唐詩選送作近。詩紀、全唐詩送並作近注云一作送。

△深　唐詩選作湊。

【注】

△司法　官名。兩漢有決曹、賊曹掾，爲郡之佐吏，主刑法。唐宋之制，在縣曰司法。

△吳掾　舊吳地即今江蘇省吳縣。掾乃縣府屬官。

△海門　在今江蘇省南通縣東。

△滄江　謂江也。江水色蒼，故曰滄江。

寄陶副使

聞道將軍破海門。如何遠謫渡湘沅。春來明主封西岳。自有還君紫綬恩。

【校】

△西岳　詩紀、全唐詩岳並作嶽。

【注】

△副使　正使之屬僚。唐代節度使、觀察使、團練使皆副使。

△海門　在廣西省博白縣西南。舊爲入安南之道，天寶九年，南詔反此，唐出兵平定之。

△封　負土爲壇曰封。

△西岳　五岳之一，華山之別稱。又作西嶽。

△紫綬　紫色之絲條。漢書百官公卿表：「相國丞相皆金印紫綬。」古今注：「漢舊制，公侯將軍紫綬，又公主封君服紫綬。」

至南陵荅皇甫岳

與君同病復漂淪。昨夜宣城別故人。明主恩波非歲久。長江還共五溪濱。

【校】

△荅　全唐詩作答。

△皇甫岳　黃氏本岳作嶽。

△恩波　詩紀、全唐詩波並作深。

△五溪　詩紀、全唐詩溪並作谿。

【注】

△南陵　故城在今安徽省繁昌縣西北。

△漂淪　飄零衰落之意。

△宣城　故城在今安徽省南陵縣東。城瀕水陽江西岸，山水雅勝，以產紙著名，名曰宣紙。

補　遺（據影印殿本全唐詩、文苑英華、文鏡秘府論暨博異志）

從軍行七首

關城榆葉早踈黃。日暮雲沙古戰場。表請回軍掩塵骨。莫教兵士哭龍荒。

【校】

△從軍行七首　黃氏本、唐詩選並作五首。文苑英華作從軍行。詩紀、全唐詩並同餘首並見前錄。

△場　黃氏本、唐詩選並作塲。

△回軍　文苑英華、黃氏本回作廻。

【注】

△關城　謂關與城也。

△龍荒　匈奴也。漢書敍傳：「龍荒幕朔，莫不來庭。」注：「師古曰：龍，匈奴祭天龍城。」新唐書突厥傳：「定襄城，其地南大河北白道，畜牧廣衍，龍荒之最壤，故突厥爭利之。」

少年行二首

走馬遠相尋。西樓下夕陰。結交期一劍。留意贈千金。高閣歌聲遠。重門柳色深。夜闌須盡飲。

莫負百年心一本無此首。

【校】

△少年行二首　沈氏本才調集、四部縮印影宋本才調集並作少年行。品彙、全唐詩並同另首西陵俠少年見前錄。

△劒　品彙作劍。

△遠　沈氏本才調集作還。

△深　沈氏本才調集作溹。

△重門　沈氏本才調集、四部縮印影宋本才調集門並作闕。文苑英華同注云一作闕。

△夜闌　品彙、沈氏本才調集、四部縮印影宋本才調集闌並作閑。

△盡飲　文苑英華、沈氏本才調集、四部縮印影宋本才調集飲並作醉。

△百年心一本無此首　品彙、文苑英華、沈氏本才調集、四部縮印影宋本才調集並同無注。

【注】

△少年行　樂府雜曲歌辭。本出於結客少年場行。樂府解題曰：「言輕生重義，慷慨以立功名也。」詳前注。

塞下曲四首

邊頭何慘慘。已葬霍將軍。部曲皆相弔。燕南代北聞。功勳多被黜。兵馬亦尋分。更遣黃龍戍。

唯當哭塞雲（一本此首題作塞上曲。）

【校】

△塞下曲四首　品彙作塞上曲。文苑英華作塞上曲三首。詩紀、全唐詩並同餘見前錄。

△邊頭　文苑英華頭作城注云一作頭。

△慘慘　詩紀作憏憏。

△葬　文苑英華、品彙作苑塟。

△部曲皆相弔　品彙弔作吊。文苑英華作士卒皆來弔。

△功勳　文苑英華勳作門注云一作勳。

△黃龍　品彙龍作頭。

△塞雲（一本此首題作塞上曲）　品彙、詩紀、文苑英華並同無注。

【注】

△塞下曲　樂府遺聲征戍十五曲中有塞下曲。

△霍將軍　霍去病，漢平陽人，衞青姊子。善騎射，武帝時爲剽姚校尉。前後凡六擊匈奴，遠涉沙漠，封狼居胥山而還。拜驃騎將軍，封冠軍侯。爲人少言不泄，有氣敢任。帝嘗欲教以孫吳兵法，對曰：顧方略何如耳，不必學古兵法。帝爲治第，對曰：「匈奴未滅，何以家爲。」元狩六年卒，謚曰景桓侯。

△部曲　本爲軍隊編制之稱。續漢書百官志：「將軍領事皆有部曲，大將軍營五部，部校尉一人，部下有曲，曲有軍侯一人。」其後演變爲私人所有軍隊之稱。

△燕南代北　燕，今河北省之簡稱。代，有今山西省東北部及河北省蔚縣附近地。

△黃龍　故城卽今吉林省農安縣。今吉林全省及遼寧省東北部一帶皆其轄境。宋岳飛謂直搗黃龍府，卽指此。

同王維集青龍寺曇壁上人兄院五韻

本來清淨所。竹樹引幽陰。簷外含山翠。人間出世心。圓通無有象。聖境不能侵。眞是吾兄法。何妨友弟深。天香自然會。靈異識鐘音。

【校】

△兄院五韻　品彙作兄院詩五韻。

△清淨所　品彙淨作靜。

△簷　詩紀作簷。

【注】

△王維　唐祁人，字摩詰。開元進士，累官尚書右丞，世稱王右丞。工詩善書，尤以善畫名。世稱其詩中有畫，畫中有詩。所作山水，以平遠勝。雲峯石色，絕跡天機，爲南宗畫派之始。生平奉佛，素服長齋；營別墅於輞川，著有輞川集。

△靑龍寺　位在長安朱雀門街東第五街街東第七坊之新昌坊內。東出卽延興門。

△出世　佛家語。謂脫離塵累而修淨行者，與出家、出塵同。

△圓通　佛家語，謂覺慧周圓，通入法性也。楞嚴經：「阿難及諸大衆，蒙佛開示，慧覺圓通，得無疑惑。」

△天香　謂天上之香也。法華經法師功德品：「如是等天香和合所出之香無不聞知。」

從軍行二首

秋草（一作風）馬蹄輕。角弓持弦急。去爲龍城戰。正値胡兵襲。軍氣横大荒。戰酣日將入。長風金鼓動。白露鐵衣濕。四起愁邊聲。南庭時佇立。斷蓬孤自轉。寒雁飛相及。萬里雲沙漲。平原冰霰澀。惟聞漢使還。獨向刀環泣（一本無此首）。

【校】

△從軍行二首　唐詩選、明侯官曹學佺編石倉十二代詩選（簡稱石倉詩選）並作從軍行。詩紀、紀事、全唐詩並同，另首向夕臨大荒見前錄。

△秋草（一作風）　紀事草作風無注。詩紀、唐詩選、石倉詩選並同無注。

△弦　紀事作絃。絃同弦。　△濕　紀事作溼。濕爲溼之俗字。

△佇立　紀事、詩紀佇並作竚。竚同佇。　△雁　詩紀作鴈。

△冰　詩紀、石倉詩選並作氷。氷爲冰之簡寫。　△澀　紀事作澁。唐詩選作歰。

△漢使還　詩紀同注云一作逕。

△泣一本無此首　紀事、詩紀、唐詩選、石倉詩選並同無注。

【注】

△角弓　以角飾弓也。

△龍城　詳出塞詩注。

△大荒　極遠之處也。

△南庭　南方之庭。

△澀　本作澁，或作澁、濇。不滑也，見韻會。

河上老人歌

河上老人坐古槎。合丹只用青蓮花。至今八十如四十。口道滄溟是我家。

【校】

△河上老人歌一作河上歌　詩紀、唐詩歸並作河上歌。

【注】

△河上　河畔也。

△槎　同楂。楂，水中浮木，見廣韻。

△青蓮花　花名，梵語優鉢羅之譯也，佛家以青蓮華比佛眼。法華妙青品：「目如廣大青蓮華。」

按優鉢羅義譯曰青蓮花、紅蓮花等。慧苑音義：「優鉢羅，具正云尼羅烏鉢羅。尼羅者此云靑，烏鉢羅者花號也。其葉狹長，近下小圓，向上漸尖，其花莖似藕稍有刺也。」宸垣識略云：「其花開必四月八日，至冬結實，如鬼蓮蓬。禮部儀制司舊有此花，今無。」

△滄溟　謂海水也。

【箋】

△唐汝詢云：「少伯七絕本太白第二人，高李取之不謬。伯敬以影響譏之，所選果能勝彼耶？要不過去其聲調耳，非能勝也。伯敬稱于鱗選絕胸中夢，然殊不知已于箇中亦未嘗了了。」

△鍾惺云：「律詩帶古，七言絕帶歌行，非盛唐高手不能。」又云：「龍標宮詞自爲一手，從此以下諸絕，仍是作五言古手段。彼專稱其七言絕者，其於七言絕猶影響耳。」

△譚元春云：「是他人七言古末四句。」又云：「今人慣喜作壽詩，予謂性情所係，萬不可以此損傷，必不得已，似龍標河上歌作一首，庶無大害耳。」

初　日

初日淨金閨。先照牀前暖。斜光入羅幕。稍稍親絲管。雲髮不能梳。楊花更吹滿。

【校】

△牀　品彙、唐詩選並作床。床爲牀之俗體字。

△暖　品彙、詩紀、唐詩歸並作煖。煖同暖。

△羅幕　品彙幕作幙。

【注】

△初日　初出之日，旭日也。

△金閨　閨閣之美稱。

【箋】

△竹莊詩話：「初日一首，見婦人所以爲情。『初日淨金閨，先照床前暖；斜光入羅幕，稍稍親絲管；雲髮不能梳，楊花更吹滿。』」

△譚元春云：「六句濃媚，動人孤懷。」

小數谷龍潭祠作 第十九句缺一字

崖谷歕疾流。地中有雷集。百泉勢相蕩。巨石皆却立。跳波沸崢嶸。深處不可挹。昏爲蛟龍怒。一作窟清一作時見雲雨入。靈怪崇偏祠。廢興自玆邑。沈淫頃多昧。檐宇遂不葺。吾聞被明典。盛德惟世及。生人載山州。血食報原隰。豈伊駭微險。將以循畛揖。□飛振呂梁。忠信亦我習。波流浸已廣。悔吝在所汲。谿水有清源。褰裳靡沾濕。

【校】

△小數谷龍潭祠作第十九句缺一字　詩紀數作藪，作下無注。紀事、唐詩歸、唐詩選並同無注。

△歕　紀事作橫。

△疾　詩紀作急。

△地中　詩紀地作池。

△深處　紀事、詩記並作昏淸。

△怒一作窟　紀事、唐詩歸、唐詩選並同無注。

△淸一作時　紀事、唐詩歸、唐詩選並同無注。

△檐宇　紀事檐作簷。詩紀檐作擔。

△□飛　紀事飛上作奔。詩紀、唐詩歸並作雄飛。唐詩選作瀑飛。

△浸　紀事作侵。

△谿　紀事、唐詩歸、唐詩選並作溪。

△沾濕　紀事、唐詩歸濕並作溼。

【注】

△卻立　退立也。

△挹　抒也，見說文。按通俗文：「汲出謂之抒。」又華嚴經音義引珠叢云：「凡以器斟酌於水謂之挹。」

△血食　謂鬼神受牲牢之享祭也。左傳莊六年：「若不從三臣，抑社稷實不血食，而君焉取餘。」史記封禪書：「周興而邑部，立后稷之祠，至今血食天下。」注：「祭有牲牢，故言血食遍於天

下。」

△原隰　凡土地高平廣平皆曰原。下濕曰隰。

△吒揖　吒，田民也。揖，拱手爲禮也，讓也。謂化順田民也。

△呂梁　在今江蘇省銅山縣東南。亦稱呂梁洪；有上下二洪，相距數里。巉石齒列，波流湍激；列子稱孔子觀於呂梁，懸水三千仞，流沫四十里，卽此。

△褰裳　褰，摳衣也，通攐。詩鄭風褰裳：「褰裳涉溱。」摳衣，卽挈衣，提衣也。按褰亦訓舉，見廣雅釋詁及疏證。

【箋】

△唐汝詢云：「似仿謝康樂遊山筆意，尙乏一段眞精神。」

△唐音癸籤遯叟曰：「王昌齡龍潭詩：『百泉勢相蕩，巨石皆卻立。昏爲蛟龍怒，淸見雲雨入。』杜甫萬丈潭詩：『前臨洪濤寬，卻立蒼石大。黑知灣澴底，淸見光炯碎。』語不襲而肖，而通篇杜尤雄拔盡善，名家、大家之分也。」

出郴一作柳**山口至疊**一作壘**石灣野人室中寄張十一**

櫧柟無冬春。柯葉連峯稠。陰壁下蒼黒。煙含淸江樓。景開獨沿曳。響答隨興酬。旦夕望吾友。如何迅孤舟。疊沙積爲崗。崩剝雨露幽。石脉盡橫亘。潛潭何時流。旣見萬古色。頗盡一物由。永與世人遠。氣還草木收。盈縮理無餘。今往何必憂。郴土群山高。耆老如中州。孰云議舛一作外降。豈是娛宦遊。陰火昔所伏。丹砂將爾謀。昨臨蘇躭井。復向衡陽求。同一作問疚來相依。脫身當有籌。數月乃離居。風湍成阻脩。野人善竹器。童子能谿謳。寒月波蕩漾。羇鴻去悠悠。

【校】

△郴一作柳山口　紀事作柳山口。詩紀、唐詩歸、彙編唐詩並同無注。

△疊一作壘石灣　詩紀、彙編唐詩疊作疉無注。唐詩歸同無注。紀事作壘石灣。

△疊沙　紀事疊作壘。

△沿　唐詩歸作沿。

△荅　紀事、詩紀、唐詩歸、彙編唐詩並作答。

△崗　紀事、詩紀、唐詩歸、彙編唐詩並作岡。

△石脉　紀事、彙編唐詩脉作脈。

△永　紀事、彙編唐詩並作水。

△議舛一作外降　唐詩歸作議升降。紀事作議外降。詩紀、彙編唐詩並同無注。

△伏　紀事、彙編唐詩並作服。

△同一作問疚　紀事、唐詩歸、彙編唐詩並同無注。

△乃　紀事、彙編唐詩作仍。

△阻脩　紀事、唐詩歸、彙編唐詩脩並作修。

△谿謳　紀事、彙編唐詩谿並作溪。

△羇鴻　唐詩歸羇作羈。

△悠悠　紀事、唐詩歸、彙編唐詩並同注云同疢一作問疢。

【注】

△郴　即古郴縣，漢桂陽郡治也。按漢桂陽郡領郴縣等縣十一，今湖廣郴州、及桂陽州，又廣連州，皆是其地。

△櫧柟　櫧，常綠喬木，高三四丈。實爲堅果，木材甚堅可製器。日本亦名爲橿。柟，枏俗字。亦作楠。常綠喬木，生南方，黔蜀諸山尤多。葉經歲不凋，新陳相換，幹高十餘丈，紋理細密，爲梁棟器物皆佳。

△柯　常綠喬木，高三、四丈。葉長橢圓形而厚，實爲堅果。其材堅硬，供建築製器之用。多產暖地，日本名爲椎木。

△耆老　年六十已上者之稱。耆，老也，見說文。長也，見爾雅釋詁。禮曲禮：「六十曰耆。」按說文不引禮者，以耆爲七十已上之通稱也，見說文段注。

△中州　即今河南省也。古爲豫州，處九州之中，故曰中州。

△蘇躭井　詳前奉贈張荆州詩注。

△衡陽　故城在今湖南省衡山縣東。

△疢　凡有憂苦皆曰疢。

【箋】

△譚元春云：「如此詩可謂積厚流光。」

△鍾惺云：「淵淵浩浩一篇之中，已自成一氣運。」

△唐汝詢云：「奇語雜出，脉絡無爽，長篇中亦是足取。」

失　題

姦雄乃得志。遂使群心搖。赤風蕩中原。烈火無遺巢。一人計不用。萬里空蕭條。

【校】

△赤風　詩紀風作原。

【注】

△赤風　紅色之風。以塞外赤地千里，蓋隱指胡人。

【箋】

△沈德潛唐詩別裁曰：「豈指張曲江欲誅安祿山事耶。」

△陳沆曰：「龍標七言絕句，有塞上曲云：『秦時明月漢時關，萬里長征人未還；但使龍城飛將在，不敎胡馬度陰山。』此所謂一人計不用，卽彼之飛將也，其指王忠嗣乎？忠嗣身佩四節，控制萬里，爲國長城，數上言祿山有異志。使明皇用其言，則漁陽之禍不作。故詩歎邊臣之用舍，

關天下之安危也。旗亭畫壁，傳誦千古，但知賞其音調，亦有能言其旨趣者乎？」

△鍾惺云：「終古之感傷心事，後垂戒事前。」又云：「六句詩能深婉，則妙矣。悲壯者極難爲工，惟少陵最長，此作近之。」

△譚元春云：「高達夫惆悵孫吳事，歸來獨閉門，妙在悶氣不言。此詩一人計不用，萬里空蕭條，妙在開口明怨。」

△圍爐詩話：「儲不倣陶而興趣酷似，龍標姦雄乃得志篇，必爲曲江安祿山而作。」

△詩話類編卷二十八感慨：「昌齡此詩有所感激而云，使明皇用張曲江之言，則祿山之亂何自而生，使德宗行陸宣公之策，則朱泚之禍何由而起。忠言逆耳，擯棄長策，不四十年而大盜竊發者再，覆沒兩京，天下騷然。昌齡之詩，重有感焉。」

宿京江口期劉昚虛不至

霜天起長望。殘月生海門。風靜夜潮滿。城高寒氣昏。故人何寂寞。久已乖清言。明發不能寐。徒盈江上尊。

【校】

△起　紀事作越。

△乖　唐詩歸作垂。

△尊　紀事作罇。三味集、詩紀、唐詩歸並作樽。

【注】

△京江口　京江，楊子江之別稱。清一統志：「大江東入常州府武進縣界，卽楊子江也，亦名京江。其曰京江者，杜佑通典謂潤州因京峴山在城東，故稱京口；江蓋緣是爲名矣。」按京口當今江蘇省鎭江縣治。元和志：「孫權自吳徙丹徒，號曰京城；後遷建業，於此置京口縣。」

△劉眘虛　唐新吳人，字全乙。洪州刺史吳競，高其行，改其里曰孝弟鄉。開元中舉弘詞，爲崇文館校書郎。與孟浩然、王昌齡交善，有詩集。

△明發　猶言明旦。謂天發明也。按天曉時光明開發故曰明發。詩小雅小宛：「明發不寐，有懷二人。」

【箋】

△譚元春云：「王昌齡期劉眘虛有此詩，自是至情，自是妙事。」

△鍾惺云：「有眞朋友，自有眞詩文。八句中眘虛之人之詩，和盤托出矣。唐諸名公同時酬往詩，莫不皆然。」

送劉眘虛歸取宏詞解

太清聞海鶴。遊子引鄉眄。聲隨羽儀遠。勢與歸雲便。青桂春再榮。白雲暮來變。遷飛在禮儀。豈復淚如霰。

【校】

△迸劉昚虛　紀事作迸昚虛。

△太淸　紀事太作天。

△眄　紀事作眄。

【注】

△宏詞　全唐文紀事：「博學宏詞，唐制也。吏部選未滿者試文三篇（詩賦論），中者卽授官。韓退之謂所試文章，亦禮部之類，然名相如裴陸，文人如劉柳，皆繇此選。」

△眄　視也，旁視曰眄。

△羽儀　鴻鳥之羽可用爲物之儀表也。轉用爲模範，一代師表之意。

△霰　俗稱雪珠，亦曰雪子，天將雪時常見之。形圓半透明，係雨點下降未達地面時，遇冷空氣（溫度在冰點以下）凝結而成。

贈史昭

東林月未升。廓落星與漢，是夕鴻始來。齋中起長歎。懷哉望南浦。眇然夜將半。但有秋水聲（一作聲孤）。愁使心神亂。握中何爲贈，瑤草已衰散。海鱗未化時。各在天一岸。

【校】

△月未升　文苑英華作月來（一作未）昇。

△秋水聲（一作聲孤）　詩紀、唐詩歸、唐詩選、彙編唐詩並同無注。文苑英華作秋聲孤。

△亂　文苑英華同注云一作但有秋水聲，孤愁使心亂。

△瑤草　唐詩選草作艸。

【注】

△廓落　楚辭九辯：「廓落兮覊旅而無友生。」文選濟注：「廓落，空寂也。」

△星與漢　卽星漢，銀河也。魏文帝詩：「明月皎皎照我牀，星漢西流夜未央。」

△南浦　在江西省南昌縣西南，爲往來艤舟之所。

△眇然　謂高遠也。

△海鱗　謂魚龍之屬。

【箋】

△鍾惺云：「孤潔。」

△譚元春云：「高調中卽藏悲動。」

次汝中寄河南陳贊府

汝山方聯延。伊水纔明滅。遙見入楚雲。又此空館月。紛然馳夢想。不謂遠離別。京邑多歡娛。衡湘暫沿越。明湖春草遍。秋桂白花發。豈惟長思君。日夕在魏闕。

【校】

△暫　唐詩選作暫。

△沿越　唐詩選沿作沿。
△草　唐詩選作艸。

【注】
△次　舍止也。書泰誓：「王次于河朔。」左莊三年：「凡師一宿爲舍，再宿爲信，過信爲次。」
△汝　在今河南省臨汝縣。
△贊府　唐代縣丞之別稱。容齋四筆官稱別名：「唐人好以它名標牓官稱，稱縣丞曰贊府、贊公。」
△伊水　亦稱伊河、伊川。源出河南省盧氏縣熊耳山，東北流經嵩縣、伊陽、洛陽、偃師，南入於洛。
△沿越　謂順流而行也。
△衡湘　衡山與湘水也。俱在湖南省境。
△魏闕　宮門外懸法之所。此喻朝廷。呂氏春秋審爲：「身在江海之上，心居乎魏闕之下。」注：「魏闕，象魏也，懸教象之法，浹日而收之，魏魏高大，故曰魏闕；言身雖在江海之上，心存王室，故在天子門闕之下也。」

別劉諝

天地寒更雨。蒼茫楚城陰。一尊廣陵酒。十載衡陽心。倚仗一作伏不可料。悲歡豈易尋。相逢成遠別。後會何如今。身在江海上。雲連京國深。行當務功業。策馬何駸駸。

【校】

△蒼茫　詩紀、唐詩選茫並作泒。

△尊　詩紀作樽。文苑英華作　。

△衡陽　詩紀衡作蘅。

△倚仗一作伏　文苑英華、唐詩選作倚伏。詩紀同無注。

【注】

△蒼茫　曠遠迷茫之狀。

△衡陽　故城在今湖南省衡山縣東。

△倚伏　言相因也。老子：「禍兮福所倚，福兮禍所伏。」漢書敘傳：「北叟頗識其倚伏。」

△駸駸　馬行疾貌。詩小雅四牡：「載驟駸駸。」傳：「駸駸，驟貌。」段玉裁云：「驟者，馬捷步也。」按亦以言凡行之疾者。

岳陽別李十七越賓

相逢楚水寒。舟在洞庭驛。具陳江波事。不異淪棄跡。杉上秋雨聲。悲切蒹葭夕。彈琴收餘響。來送千里客。平明孤帆心。歲晚濟代策。時在身未充。瀟湘不盈晝。湖小洲渚聯。澹淡煙景碧。魚鱉自有性。龜龍無能易。譴黜同所安。風土任所適。閉門觀玄化。攜手遺損益。

【校】

△畫　文苑英華作盡下注一疑字。

△煙　文苑英華作烟。

△驚　唐詩選作鼈。

△玄化　文苑英華、唐詩選玄作元。

△攜　詩紀、唐詩選並作攜。文苑英華作携。

【注】

△岳陽　故治在今湖南省湘陰縣南。

△濟代策　指文帝於高祖十一年立爲代王，十七年，高后崩，諸呂謀爲亂，欲危劉氏。丞相平，太尉周勃，朱虛侯劉章等共誅之，謀立代王事。

△玄化　德化也。文選曹植責躬詩：「玄化滂流，荒服來王。」注：「善曰廣雅曰：玄，道也，謂道德化也。」

大梁途中作

快快步長道。客行渺無端。郊原欲下雪。天地稜稜寒。當時每酣醉。不覺行路難。今日無酒錢。悽惶向誰歎。

【校】

△快快　文苑英華作快快。

△歎　文苑英華作嘆。

【注】

△大梁　今河南省開封縣。

△怏怏　亦作鞅鞅。心不滿足也。

△稜稜　嚴寒貌。文選鮑照蕪城賦：「稜稜霜氣，蔌蔌風威。」注：「稜稜，霜氣嚴冬之貌。」

途中作

遊人愁歲晏。早起遵王畿。墜落吹未曉。疎林月微微。驚禽棲不定。寒獸相因依。歎此霜露下。復聞鴻雁飛。渺然江南意。惜與中途違。羇旅悲壯髮。別離念征衣。永圖豈勞止。明節期所歸。寧厭楚山曲。無人長掩扉。

【校】

△愁　詩紀作秋。

△疎林　文苑英華疎作疏。

△雁　文苑英華、詩紀作鴈。

△羇旅　詩紀、唐詩選羇並作羈。

△寧　唐詩選作寗。

【注】

△王畿　周禮夏官職方氏：「乃辨九服之邦國，方千里曰王畿。」孫詒讓正義：「方千里曰王畿者，謂建王國也。」

△微微　幽靜貌。

△渺然　廣遠貌。

△勞止　謂疲勞也。止，語助詞。詩大雅民勞：「民亦勞止，汔可小康。」箋：「今周民疲勞矣，王幾可以小安之乎？」

△楚山曲　疑指楚引，琴曲名。一曰龍丘引。琴操：「楚引，楚游子龍丘高所作也。龍丘高出游三年，思歸故鄉，心悲不樂，望楚而長歎，故曰楚引。」

山行入涇州

倦此山路長。停驂問賓御。林巒信回惑（一作坰林往或回）。白日落何處。徙倚望長風。滔滔引歸慮。微風隨雲收。濛濛傍山去。西臨有邊邑。北走盡停戍。涇水橫白烟。州城隱寒樹。所嗟異風俗。已自少情趣。豈伊懷土（一作戀懷土）多。觸目（一作解物）忻所遇。

【校】

△涇州　詩紀涇作徑。

△驂　文苑英華、詩紀、唐詩歸、唐詩選並作驂。

△林巒信回惑（一作坰林往或回）　詩紀、唐詩歸、唐詩選並同無注。文苑英華作坰林往或回注云集作林巒信回

惑。

△白烟　文苑英華、詩紀烟作煙。

△少　文苑英華同注云集作省。

△懷土多（一作戀懷土）　詩紀、唐詩歸並作戀懷土。唐詩選同無注。文苑英華作懷土注云集作懷土多。

△觸目（一作解物）忻所遇　唐詩選同無注。詩紀、唐詩歸並作解物且欣遇。文苑英華作解物且欣遇注云集作觸目忻所遇。

【注】

△涇州　故城在今甘肅省固原縣北。城濱涇水南岸。

△賓御　賓客與御者。鮑照詠史詩：「賓御紛颯沓，鞍馬光照地。」

△徙倚　楚辭哀時命：「然隱憫而不達兮，獨徙倚而彷徉。」注：「徙倚，猶低徊也。」

△滔滔　廣大貌。

△涇水　亦曰涇河。在甘肅省境；分南北二源，合流至涇川縣（後魏爲涇州治）入陝西省境，再東南流至高陵縣入渭水。

謁焦鍊師

中峯青苔壁。一點雲生時。豈意石堂裏。得逢焦鍊師。爐香淨琴（一作金）案。松影閑瑤墀。拜受長年藥。翩翻西海期。

【校】

△峯　文苑英華、唐詩選作峰。

△爐　文苑英華、唐詩歸、唐詩選並作鑪。

△琴（一作金）案　唐詩選同無注。詩紀、唐詩歸並作棐案。文苑英華作棐（一作金）按。

△閑　詩紀、唐詩選並作閉。

△墀　文苑英華作墀。

【注】

△翩翻　飛動貌。文選張衡西京賦：「衆鳥翩翻。」

△瑤墀　玉墀也。

△西海期　西海，今之地中海也。史記大宛傳：「條枝在安息西數千里，臨西海。」又：「條枝有弱水、西王母而未嘗見。」按蓋言期會西王母以得道成仙也。楚辭：「指西海以爲期。」

【箋】

△譚元春云：「何物焦道人，使千載下見者遂以神仙待之。嘗疑仙人要人作詩，於此始悟其故。」

△鍾惺云：「譚此語說盡文人詩價，仙佛名根；然俗僧道乞詩，盡爲救饑，名根盡矣。」

東谿翫月（一作王維詩）

月從斷山口。遙吐柴門端。萬木分（一作紛）空霽。流陰中夜攢。光連虛象白。氣與風露寒。谷靜秋泉響。巖深青靄殘。澄清入幽夢。破影抱空巒。恍惚琴窗裏。松谿曉思難。

【校】

△東谿翫月（一作王維詩）　徐氏本唐文粹、詩紀翫並作玩無注。唐詩選同無注。

△斷　唐詩選作𢇍。

△分（一作紛）　唐詩選同無注。徐氏本唐文粹作紛。

△光　唐詩選作灮。

△巖深　唐詩選深作湥。

△破影　詩紀、徐氏本唐文粹並作影破。

△恍惚　徐氏本唐文粹作怳忽。

△窗　徐氏本唐文粹作窻。詩紀作牕。

【注】

△東谿　在安徽省宣城縣東。

△攢　通鑽。

△青靄　青雲也。靄，雲貌，見集韻。

△恍惚　亦作怳忽。謂知覺迷亂，不自覺知之意也。

【箋】

△鍾惺云：「寒氣蒼然，卻高於骨。」

古　意

桃花四面發。桃葉一枝開。欲暮黃鸝囀。傷心玉鏡臺。清箏向明月。半夜春風來。

【校】

△囀　四部縮印明刊國秀集作轉。

【注】

△玉鏡臺　晉溫嶠，北征劉聰，得玉鏡臺，後以聘從姑之女。按世說假譎：「溫嶠喪婦，會從姑有女，屬嶠覓婿，嶠密有自婚意；後數日，報姑云：『已覓得婿。』因下玉鏡臺一枚。既婚交禮，女以手披紗扇，笑曰：『我固疑是老奴，果如所卜。』」後世謂成婚曰卻扇，本此。

送東林廉上人歸廬山

石溪流已亂。苔徑人漸微。日暮東林下。山僧還獨歸。昔爲廬峯意。況與遠公違。道性深寂寞。世情多是非。會尋名山去。豈復望清輝。

【校】

△廉上人　類苑廉作簾。

【注】

△東林　寺名。在江西省九江縣南廬山麓。晉慧遠創建。

△廬山　在江西省九江縣南。古有匡俗者結廬此山，故名廬山。亦名匡山，又稱廬阜，總名匡廬。朱子以爲卽禹貢之敷淺原。此山三面臨水，西臨陸地，萬壑千巖，煙雲瀰漫，爲避暑勝地。

△遠公　晉高僧慧遠。

△清輝　猶清暉，謂清光也。

送歐陽會稽之任

懷祿貴心賞。東流山水長。官移會稽郡。地邇上虞鄉。緩帶屏紛雜。漁舟臨訟堂。逶迤廻谿趣（一作曲）。猿嘯飛鳥行。萬里覊朝雨。千峰迎夕陽。輝輝遠洲暎。曖曖澄湖（一作江）光。白髮有高士。青春期上皇。應須枉車歇（一作過）。爲我訪荷裳。

【校】

△送歐陽會稽之任　文苑英華作送歐陽會稽之任兼呈陳處士。

△逶迤　文苑英華逶作透。

△谿　文苑英華作溪。

△趣（一作曲）　石倉詩選同無注。

△猿嘯　石倉詩選作整肅。

△暎　文苑英華、詩紀、石倉詩選並作映。

△曖曖　文苑英華作瞹瞹。

△澄湖（一作江） 詩紀、石倉詩選並同無注。

△白髮 文苑英華作髮白。

△期 文苑英華作騎下注一疑字。

△歇（一作過） 詩紀同無注。石倉詩選作騎。文苑英華作歇下注一疑字。

【注】

△會稽郡 秦置。今江蘇省東南部及浙江省東部南部皆其地。

△上虞鄉 在浙江省餘姚縣西南。位曹娥江之東，城瀕姚江北岸。古名虞賓，虞舜避丹朱於此，故名。

△緩帶 緩束其帶，謂從容也。

△訟堂 法庭也。

△逶迤 長貌。

△曖曖 闇昧貌。離騷：「時曖曖其將罷兮。」

△上皇 天帝、上帝。莊子天運：「天下載之，此謂上皇。」疏：「道合自然，德均造化。故衆生樂推而不厭，百姓荷戴而不辭。可謂返樸還淳，上皇之治也。」

△枉車騎 謂屈就也。國策韓策：「聶政曰：『仲子不遠千里，枉車騎而交臣。』」

△荷裳 以荷所作之裳，未仕者之服也。傅亮芙蓉賦：「咏三閭之披服，美蘭佩而荷裳。」按言將

隱逸也。

塞下曲四首

奉詔甘泉宮。總徵天下兵。朝廷備禮出。郡國豫郊迎。紛紛幾萬人。去者無全生。臣願節宮廄。分以賜邊城一本無以下二首同塞上曲題作三首。

【校】

△塞下曲四首　文苑英華作塞上曲三首。按餘三首見前錄。

△總　詩紀作總。文苑英華作揔。

△邊城一本無以下二首同塞上曲題作三首　文苑英華、詩紀同無注。

【注】

△甘泉宮　在陝西省淳化縣甘泉山上，宮以山名。一曰雲陽宮，又稱林光宮。本秦離宮：漢武帝復增築通天、高光、迎風諸宮，每年夏避暑於此。

△宮廄　宮中馬舍也。

爲張僨贈閻使臣

哀哀獻玉人。楚國同悲辛。泣一作淚盡繼以血。何由辨其眞。賴承琢磨惠。復使光輝新。猶畏讒口疾。棄之如塵埃。

【校】

△獻玉人　詩紀玉作王。

△泣一作淚　詩紀同無注。

△辨　文苑英華作辯。

【注】

△使臣　身負君命出使外國之臣，卽使節也。

△獻玉人　楚人和氏（卽卞和）得璞玉於楚山中，以獻厲王。王以爲誑，刖其左足；武王卽位復獻之，又以爲誑，刖其右足；及文王立，乃抱璞泣於荆山之下，王使人問之，曰：「臣非悲刖，寶玉而題之以石，貞士而名之爲誑，所以悲也。」王乃使人理其璞，果得玉焉，遂命曰和氏之璧。見韓非子和氏。

宿灞上寄侍御璵弟

獨飲灞上亭。寒山青門外。長零驟落日。桑棗寂已晦。古人驅馳者。宿此凡幾代。佐邑由東南。豈不知進退。吾宗秉全璞。楚得璆琳最。茅山就一徵。柏署起三載。道契非物理。神交無留礙。知我滄溟心。脫略腐儒輩。孟冬鑾輿出。陽谷羣臣會。半夜馳道喧。五侯擁軒蓋。是時燕齊客。獻術蓬瀛內。甚悅我皇心。得與王母對。賤臣欲干謁。稽首期殞碎。哲弟感我情。問易窮否泰。良馬足尚踠。寶刀光未淬。昨聞羽書飛。兵氣連朔塞。諸將多失律。廟堂始追悔。安能召書生。願得論要害。戎夷非草木。侵逐使狼狽。雖有屠城功。亦有降虜輩。兵糧如山積。恩澤如雨霈。

羸卒不可興。磧地無足愛。若用匹夫策。坐令軍圍潰。不費黃金資。寧求白璧賚。明主憂旣遠。
邊事亦可大。荷寵務推誠。離言深慷慨。霜摇直指草。燭引明光珮。公論日夕阻。朝廷蹉跎會。
孤城海門月。萬里流光帶。不應百尺松。空老鍾山靄。

【校】

△蓬瀛　文苑英華瀛作瀛。

△哲弟　文苑英華哲作吾注云一作哲。

△軍圍　文苑英華、詩紀軍作重。

△務　詩紀作物。

【注】

△灞上　亦作霸上。在陝西長安縣東。接藍田縣界，卽白鹿原。

△佐邑由東南　蓋指蕭何曹參佐高祖也。漢書高帝紀：「沛令後悔，恐其有變，乃閉城城守，蕭曹恐，踰城保高祖……」。又「高祖乃立爲沛公……於是少年豪吏如蕭曹樊噲等皆爲收沛子弟得三千人。」按沛當今江蘇省境地處東南。

△璆琳　美玉也。爾雅釋地注：「璆琳，美玉名。」蓋指和氏璧言。

△茅山　在江蘇省句容縣東南，本名句曲山。漢茅盈與弟固、衷，得道成仙於此，世稱三茅君，因名山曰茅山，亦稱三茅山。山有大茅峯，峯有華陽洞，梁陶弘景嘗隱此。

△柏署　御史臺之別稱。漢代御史府中植柏樹，故世稱御史臺爲柏臺，或曰柏府。

△陽谷　古地名。說文山部嵎字注：「嵎夷，在冀州陽谷。」按冀州，古九州之一。今河北山西二省及河南黃河以北，遼寧遼河以西之地。

△五侯　漢書元后傳：「河平二年，上悉封舅譚爲平阿侯、商成都侯、立紅陽侯、根曲陽侯、逢時高平侯，五人同日封，故世謂之五侯。」

△蓬瀛　謂蓬萊與瀛洲也，俱仙山名。

△哲弟　[illegible]弟。

△[illegible]　本二卦名，天地交謂之泰，不交謂之否：交則通，不交則塞，故世恆用以稱命運之通塞。

△踠　屈也。

△淬　染也，犯也。

△羽書　徵兵之書也。亦曰羽檄。檄者以木簡爲書，長尺二寸，用徵召也。其有急事，則加以鳥羽插之，示速疾也。

△羸卒　弱卒也。

△磧地　水中沙堆地。

△賚　賜也。

△蹉跎　失時之義。

△不應百尺松，空老鍾山靄　鍾山，在南京市中山門外，亦名紫金山、蔣山。靄，雲貌。此蓋憤邊將無能，己徒懷才未遇，欲效無門也。

淇上酬薛據兼寄郭微 一作高適詩

自從別京華。我心乃蕭索。十年守章句。萬里空寥落。北上登薊門。茫茫見沙漠。倚劍對風塵。慨然思衛霍。拂衣去燕趙。驅馬悵不樂。天長滄洲路。日暮邯鄲郭。酒肆或淹留。漁澤屢棲泊。獨行備艱難。孰辭千鼎鑊。皇情念淳古。時俗何浮薄。理道須任賢。安人在求瘼。故交負奇才。逸氣包謇諤。隱軫經濟策。縱橫建安作。才望忽先鳴。風期無宿諾。飄颻勞州縣。迢遞限言謔。東馳眇貝丘。西顧彌虢略。淇水徒自深。浮雲不堪託。吾謀適可用。天道豈遼廓。不然買山田。一身與耕鑿。

【校】

△兼寄郭微 一作高　文苑英華同無注。

△辭　文苑英華作辟。

△迢遞　文苑英華遞作[illegible]。

△貝丘　文苑英華貝作具。

【注】

△淇上　即今淇縣，屬河南省，在汲縣東北。城臨淇河西岸，縣以河名。

△薛據　河中寶鼎人，開元十九年登第，官尚書水部郎中卒。據骨鯁有氣魄，能詩，與王維、杜甫最善。

△郭微　東州（一作周）人。

△京華　京師爲文物所萃，因謂京師曰京華。

△衞、霍　即衞青與霍去病。衞青，漢平陽人，字仲卿。父鄭季，冒母姓衞。姊衞子夫得幸於武帝，以青爲大中大夫，遷車騎將軍。七伐匈奴，威震絕域。拜大將軍，封長平侯，尚平陽公主。卒謚烈。霍去病事詳塞上曲詩注。

△燕趙　今河北省北部及山西省西部地，爲戰國時代之燕趙二國地。古來悲歌慷慨之士多出於此。

△滄洲　謂水隈之地。常用以稱隱者之居。

△邯鄲　在今河北省成安縣西北。

△淹留　久留也。

△鼎鑊　古酷刑，用鼎鑊烹煮。史記廉頗傳：「臣知欺大王之罪當誅也，臣請就鼎鑊。」

△瘼　病也，見說文。

△謇諤　亦作謇愕、蹇愕，直言也。後漢書陳蕃傳：「謇愕之操，華首彌固。」愕同諤。晉書武帝紀：「讜言謇諤，所望於左右也。」

△隱軫　隱傷、隱痛也。

△經濟策　經世濟民之策。

△建安作　指東漢建安中曹氏父子及鄴中七子之作。

△風期　風應期而至也。

△宿諾　謂一諾必急踐其言，無隔宿之諾言留待次日行之者。

△飄颻　動蕩不安之義。通雅釋詁：「飄搖一作飄颻、漂搖，以漂搖近於剝落，故專作飄颻，從風。」

△迢遞　義同迢遙，遠貌。

△眇　遠也。

△虢　今山西省平陸縣境。晉假道於虞以滅虢，即此。按自故交負奇才句至此蓋所以推許二子之賢也。

△淇水　亦曰淇河。源出河南省林縣東南淇鎮東，曲折東北流，折東南，經湯陰縣，至淇縣，入衞河。按自此以下數句頗伸報效國家之意，然亦恐主上不用，只有耕牧林下耳。

留別岑參兄弟

江城建業樓。山盡滄海頭。副職守茲縣。東南棹孤舟。長安故人宅。秣馬經前秋。便以風雪暮。還爲縱飲留。貂蟬七葉貴。鴻鵠萬里遊。何必念鐘鼎。所在烹肥牛。爲君嘯一曲。且莫彈箜篌。徒見枯者艷。誰言直如鉤。岑家雙瓊樹。騰光難爲儔。誰言青門悲。俯期吳山幽。日西石門嶠。

月吐金陵州。追隨探靈怪。豈不驕王侯。

【校】

△權　文苑英華作棹。

△孤舟　詩紀孤作狐。

△探　文苑英華同注云一作亭。

△[illegible]　文苑英華同注云一作採。

【注】

△岑參　唐南陽人。工詩，天寶進士。始佐范陽節度使封常清幕，久在西陲，多邊塞之詩。累官補闕起居郎，出爲嘉州刺史，故世稱岑嘉州。尋退居杜陵山中；値中原多故，遂終於蜀。

△建業樓　在江蘇省江寧縣。

△滄海　初學記海部：「東海之別有渤澥，故故海別稱渤海，又通謂之滄海。」

△秣馬　養馬也。

△貂蟬七葉貴　貂蟬，貂尾蟬羽皆冠之飾也。唐宋人詩稱侍從貴臣，亦多用金貂之語。後漢書輿服志：「侍中、中常侍，冠武弁大冠，加黃金璫，附蟬爲文，貂尾爲飾，謂之趙文冠。」注：「徐廣曰：蟬，取其清高飲露而不食；貂，紫蔚柔縟而毛采不彰灼。」文選左思詠史詩：「金張藉舊業，七葉珥漢貂。」七葉，七世也。按唐自高祖至肅宗凡七世。此喩岑家七世顯赫也。

△鐘鼎　喻在朝爲官。

△所在烹肥牛　喻身處江湖，閒情自適。

△岑家雙瓊樹　指岑參及兄況並有名當世。況嘗官單父尉，與劉長卿友善。

△青門　古長安城門名。三輔黃圖：「長安城東出南頭一門曰霸城門，民見門色青，名曰青城門，或曰青門。門外舊出佳瓜，廣陵人邵平爲秦東陵侯，秦破，爲布衣，種瓜青門外，瓜美，故時人謂之東陵瓜。」按唐都長安，此蓋借喻己之不被錄用。

△吳山　在浙江省杭州市治。春秋時爲吳南界，故名。上有瑞石洞、飛來石等名勝，金完顏亮南寇，有立馬吳山第一峯之語，即指此山而言。上有伍子胥廟，故亦名胥山；又有城隍廟，俗因稱爲城隍山。

△石門[illegible]嶠，山銳而高也。石門，在浙江省安吉縣東北。

[illegible]京市及江寧縣地。

贈宇文中丞（本暢當詩）

僕本濩落人。[illegible]州郡使。量力頗及早。謝歸今卽已。蕭蕭若凌虛。衿帶頃消靡。車服卒然來。

沭陽[illegible]丁。鬱鬱寡開顏。默默獨行李。忽逢平生友。一笑方在此。秋清寧風日。楚思浩雲水。

爲語弋林者。[illegible]鴻遠矣。

【注】

中丞　官名。漢時中丞在蘭臺掌宮中圖籍，外督部刺史，內領侍御史，受公卿奏事。或稱中憲、中贊。

△濩落　同瓠落，空廓也。史翽丹甑賦：「濩落內空，信當無而入有。」按莊子瓠落，本言巨瓠之廓落無用；故此用爲不合時宜，爲世遺棄之辭。

△蕭蕭　寒風之聲。荆軻易水歌：「風蕭蕭兮易水寒。」

△衿帶　今爲紟之借字。說文：「紟，衣系也。」即結衣之帶。

△涔陽　在湖北省公安縣南。

遇薛明府謁聰上人

欣逢柏梁故。共謁聰公禪。石室無人到。繩牀見虎眠。陰崖常抱雪。枯澗爲生泉。出處雖云異。同歡在法筵。

【校】

△聰上人　文苑英華聰作聦。

△牀　文苑英華作床。

【注】

△明府　唐時稱縣令爲明府。

△柏梁　臺名。與柏梁臺同。在陝西省長安縣西北故城內。漢武帝所築。三輔黃圖：「柏梁臺武帝

元鼎二年春起此臺，在長安城中北門內。三輔舊事云，以香柏爲梁也，帝置酒其上，詔羣臣和詩，能七言詩者乃得上，太初中臺災。」

△法筵　說法之坐席也。楞嚴經：「法筵清衆，得未曾有。」

送喬林

草綠小平津。花開一水濱。今君不得意。辜負帝鄉春。口不言金帛。心常任屈伸。阮君唯（一作絕）飲酒。陶令肯羞貧。陽羨風流地。滄江避世人。菱歌五湖遠。桂樹八公隣。青鳥迎孤棹。白雲隨一身。潮從秣陵上。月映石頭新。未可逃名利。應須在縉紳。汀洲芳杜色。勸爾暫垂綸。

【注】

△平津　故地在今河北省鹽山縣南。

△帝鄉　猶言帝城。按唐都長安。

△阮君唯飲酒　阮籍，三國魏尉氏人，字嗣宗。爲竹林七賢之一，博覽羣籍，尤好莊、老。善嘯能琴，尤嗜酒，每以沈醉遠禍。聞步兵廚善釀，貯酒三百斛，乃求爲步兵校尉。能爲青白眼，常率意命駕，途窮輒慟哭而返。著有詠懷詩八十餘篇，及達生論、大人先生傳等。

△陶令肯羞貧　陶潛，晉尋陽柴桑人。侃曾孫，字淵明；或曰名淵明，字元亮；或曰字深明，名元亮。志趣高潔，不慕榮利。其詩沖穆澹雅，文亦超逸高古。起爲州祭酒，後爲彭澤令。在官八十餘日，歲終，郡遣督郵至縣，吏白應束帶見之；潛曰：「我豈能爲五斗米折腰向鄉里小兒。」即

曰解印綬去職，賦歸去來辭以見意。家居安貧樂道，以詩酒自娛，徜徉自適。義熙末，徵著作郎，不就。元嘉初卒。世稱靖節先生，有陶淵明集。

△陽羨　故城在今江蘇省宜興縣南。

△滄江　謂江也。江水色蒼，故曰滄江。

△[illegible]遠　五湖，蓋指太湖。史記河渠書：「於吳則通渠三江五湖。」集解：「韋昭曰：『五湖，湖名耳，實一湖，今太湖是也。』」越絕書云：「吳亡後，西施復歸范蠡，同泛五湖而去。」按言身隨採菱歌聲遠去，浪跡江湖也。

△桂樹八公隣　八公，山名。在安徽省鳳臺縣東南，肥水之北；亦名北山。水經肥水注：「八公山上有漢淮南王劉安廟。安折節下士，忽有八公詣門，安甚敬之。八公並能鍊丹化金，出入無間，乃與安登山，埋金於地，白日昇天，故山卽以八公爲名。」淸一統志：「晉時苻堅入寇，謝萬敗之於肥水，堅望八公山上草木皆兵，卽此。」按此以上六句皆謂喬林仕途不進，遯隱湖山也。

△秣陵　古地名。約爲今南京市地。

△石頭　故城在今南京市西石頭山後。亦名石首城，又稱石城。戰國時爲金陵邑。治金陵城；東漢末，孫權移治秣陵，始改名石頭城。

△汀洲芳杜色，勸爾暫垂綸　言江湖亦多可愛處，不妨暫且屈身以待時也。

過香積寺

不知香積寺。數里入雲峰。古木無人徑。深山何處鐘。泉聲咽危石。日色冷青松。薄暮空潭曲。
安禪制毒龍。

【校】

△過香積寺　全唐詩王維集同注云一作王昌齡詩。

△徑　全唐詩王維集作逕。

【注】

△香積寺　佛寺名。在今陝西西安市南。

△安禪制毒龍　安禪，謂身心宴然入於禪定也。此謂寺之幽寂，正好安禪。時當薄暮，而見空潭，遂以空潭比心地之空明。因潭水而想龍，遂以毒龍比人之慾念。（出大灌頂神咒經）。安禪於空潭之曲，正以慧力制伏毒龍也。

△古唐詩合解：「前解是未到寺，先狀其幽深。後解是過寺，目擊其勝景。」

與蘇盧二員外期遊丈八寺而蘇不至因有此作

共仰頭陀行。能忘世諦情。迴看雙樹闕。相去一牛鳴。法向空林說。心隨寶地平。手巾花疊淨。
香帔稻畦成。問道邀同舍。相期宿化城。安知不來往。翻得似無生。

【注】

△剉骨　折傷筋骨也。

△一聞漢主思故劍，使妾長嗟萬古魂　漢宣帝微時，娶許廣漢女。及卽位，女爲婕妤；時公卿議立霍光女爲后，帝乃詔求微時故劍；大臣知指，白立許婕妤爲皇后。（見漢書外戚傳）後人本此因稱舊妻曰故劍。按此言天意回復，己或可冀重蒙恩眷，然猶歎萬古忠義逐臣，去而不返也。

【箋】

△唐汝詢云：「諷訴委曲，一於忠厚，非淺率輕薄之比。」

秋日（文粹作耿緯）

反照入閭（文粹作窮）巷。憂（一作愁）來與誰語。古道無（詩作少）人行。秋風動禾黍。

出塞二首

騮馬新跨白玉鞍。戰罷沙場月色寒。城頭鐵皷聲猶振。匣裏金刀血未乾。

【校】

△出塞二首　按另首秦時明月見前錄。文苑英華作塞上曲二首，另首秦時明月見前錄。

△鐵皷　詩紀皷作鼓。文苑英華鐵作鉄。鉄爲簡體字。

【注】

△騮馬　馬之赤身黑鬣者曰騮。

【箋】

△滄浪詩話：「太白塞上曲騮馬新跨紫玉鞍者，乃王昌齡之詩，亦誤入。昌齡本有二篇，前篇乃秦時明月漢時關也。」

春怨樂府近代曲載蓋羅縫二首前一曲乃王昌齡出塞第一首第二曲即此詩也不著作者姓名

音書杜絕白狼西。桃李無顏黃鳥啼。寒雁春深歸去盡。出門腸斷草萋萋。

【校】

△春怨　類苑作出塞無注。

△雁　類苑作鴈。

【注】

△白狼　山名。在熱河省淩源縣東南。亦曰白鹿山，蒙名布祜圖山。漢末曹操征烏丸，嘗登此山。

△萋萋　草木茂盛貌。

送高三之桂林

留君夜飲對瀟湘。從此歸舟客夢長。嶺上梅花侵雪暗。歸時還拂桂花香。

【校】

△雪　詩紀作雲。

△桂花　詩紀花作枝。文苑英華同注云一作枝。

【注】

△瀟湘　湖南省境之湘水，在零陵縣西合瀟水，世稱瀟湘爲三湘之一。

奉酬睢陽路太守見貽之作

盛才膺命世。高價動良時。帝簡登藩翰。人和發詠思。神仙去華省。鴛鴦憶丹墀。清淨能無事。優游即賦詩。江山紛想像。雲物動威蕤。逸氣劉公幹。玄言向子期。多慚汲引速。翻愧激昂遲。相馬如何恨。登龍返自疑。風塵吏道迫。行邁旅心衰（一作悲）。拙疾徒爲爾。窮愁欲問誰。秋風一片葉。朝鏡數莖絲。州縣甘無取。丘園悔莫追。瓊瑤生篋笥。光景借茅茨。他日青霄裏（一作雲）。猶應訪所知。

【注】

△睢陽　在河南省商丘縣南。唐張巡許遠守此處，抗安祿山，以屏蔽江淮。

△命世　名高一世也。

△藩翰　藩屏也。翰，幹也。皆指君之所恃以安者而言。轉用則指諸侯之國。亦作蕃翰。

△華省　官府也。文選潘岳秋興賦：「宵耿介而不寐兮，獨展轉於華省。」

△丹墀　丹漆所塗之庭階。書言故事朝制類：「殿堦曰丹墀。」

△威蕤　草木垂貌。

△逸氣劉公幹　劉楨，字公幹，東漢寧陽人。曹操辟爲丞相掾，以文辭巧妙，爲諸公子所親。一日，操子丕，請諸文學酒，楨與焉。酒酣，丕命夫人甄氏出拜，坐衆皆伏，楨獨平視，操聞之，

收治其罪。刑竟署吏，建安中卒。文選魏文帝與吳質書：「公幹有逸氣，但未遒耳。其五言詩之善者，妙絕時人。」

△玄言向子期　向秀，字子期，晉懷人。官至散騎常侍，爲竹林七賢之一，與嵇康呂安善。好老莊學，註莊子，發明奇趣，振發玄風。郭象又述而廣之，或謂大半竊取自秀也。

△篋笥　箱篋也，爲藏物之具。大曰箱，小曰篋。笥，盛飯及衣之竹器。

△茅茨　茅屋也。

上馬當山神

青騘一疋崑崙牽。奉上大王不取錢。直爲猛風波裏驟。莫怪昌齡不下船。

【注】

△馬當山　在江西省彭澤縣東北，安徽省東流縣西南。北臨長江，形勢雄險。陸龜蒙馬當山銘：「天下之險者，在山曰太行，在水曰呂梁。合二險而爲一，吾又聞乎馬當。」九江記：「山形似馬，橫枕大江，廻風撼浪，舟船艱阻。」

△崑崙　山名。我國最大山脈。西自帕米爾高原之葱嶺發脈，沿新疆西藏之邊境入內地。

【箋】

△唐鄭還古博異志：「開元中琅邪王昌齡，自吳抵京國。舟行至馬當山，屬風便，舟人云：「貴賤至此，皆謁廟，以祈風水之安。」昌齡不能駐，亦先有禱神之備，見舟人言，乃命使賫酒脯紙馬

獻於大王，兼有一雙草履子上大王夫人，而以一首詩令使者至彼而禱之。詩曰：「靑驄一疋崑崙牽，奉上大王不取錢；直爲猛風波裏驟，莫怪昌齡不下船。」讀畢而過。當市草履子時，兼市金錯刀子一副，貯在履子內。至禱神時忘取之，誤並履子將往，使者亦不曉焉。昌齡至前程，偶覓錯刀子，方知誤幷將神廟所矣。又行數里，忽有赤鯉魚長可三尺，躍入昌齡舟中。昌齡笑曰：「自來之味。」呼侍者烹之，既剖腹，得金錯刀子，宛是誤送廟中者。昌齡嘆息曰：「常聞葛仙公命魚送書，古詩有剖鯉得素書，今日亦頗同。」

上侍御士兄

天人俟明略。益稷分堯心。利器必先舉。非賢安可任。吾兀執嚴憲。時佐能鉤深。

【注】

△益稷　人名。謂禹臣益與稷也。佐禹治水有功。益，書舜典：「益，汝作朕虞。」注：「虞，掌山澤之官。」稷，名棄，姓姬氏。封於邰。爲帝嚳之子。

△嚴憲　猶言嚴法也。

旅次盩厔過韓士別業

春烟桑柘林。落日隱荒墅。泱漭平原夕。清吟久延佇。故人家於茲。招我漁樵所。

【注】

△盩厔　當作盩厔，盩爲譌字。故城在陝西省長安縣東，位留業河入渭水處。其地山環水複，故

名。

△別業　營第宅園林於他處曰別業。亦謂之別墅。

贈李侍御

青冥孤雲去。終當暮歸山。志士杖苦節。何時見龍顏。
眇默客子魂。倏鑠川上暉。還雲慘知暮。九月仍未歸。
遷客又相送。風悲蟬更號。

【注】

△青冥　謂天也。

△倏　本作儵，俗作倏，犬走疾也。引申爲凡忽然之辭。

上同州使君伯

大賢奈孤立。有時起絲綸。伯父自天稟。元功載生人。

【注】

△同州　府名。西魏置同州，元和志謂漆、沮、灃諸水至此同流入渭，故曰同州。歷代仍之。按當今陝西省境。

△使君　奉使之官尊稱之曰使君。凡州郡長官並稱之。

留別

乘林映陂水。雨過宛城西。留醉楚山別。陰雲暮霎霎。

【注】

△宛城　魏荊州治，故城在今湖北省荊門縣南。

△霎霎　說文：「霽謂之霎，从雨妻聲。」按霽，雨止也。

失　題

時與醉林壑。因之墮農桑。槐烟漸含夜。樓月深蒼茫。

【注】

△墮　同墮。墮，通惰。

失　題

桑葉下墟落。鵾雞鳴渚田。物情每遽衰極。吾道方淵然。

【注】

△墟落　村落。墟里也。漢張平子碑：「翦其墟落。」

△鵾雞　鳥名。楚辭九辯：「鵾雞啁哳而悲鳴。」洪興祖補注：「鵾雞似鶴，黃白色。」亦作昆雞。又鵾本作鶤。穆天子傳作鶤雞，注云：「卽鵾雞，鵠屬也。」蓋爲大鳥名。

客舍秋霖呈席姨夫

黃葉亂秋雨。空齋愁暮心。

又

孤烟曳長林。春水聊一望。

登城懷古

陵藪寒蒼范。登城遂懷古。

【注】

△陵藪　山陵與藪澤也。

△蒼范　疑蒼茫之誤。蒼茫，曠遠迷茫之狀。

送鄔賁觀省江東

楓橋延海岸。客帆歸富春。

【注】

△江東　謂大江下游之地也。

△富春　江名。浙江流經富陽縣南，亦稱富春江。按富陽在今浙江省杭縣南。

寄驩洲

與君遠相知。不道雲海深。

【注】

△驩洲　疑驩州之譌，在今安南北部。

見譴至伊水

得罪由己招。本性易然諾。

送友人之安南

還舟望炎海。楚葉下秋水。

題上人房

通經彼上人。无迹任勤苦。

送　別

春江愁送君。蕙草生氤氳。

【注】

△氤氳　氣盛貌。與氛氳、氲氳、絪緼、烟煴並通。廣韻：「氤，俗氛字。」集韻：「氛亦作氤。」

送　別

河口餞南客。進帆清江水。

送　別

醉後不能語。鄉山雨雰雰。

又

日夕辨靈藥。空山松桂香。

又

壚落有懷縣。長烟溪樹邊。

【注】

△雰雰　雪霜盛貌。詩小雅信南山：「雨雪雰雰。」

△壚落　謂酒肆也。壚通鑪。累土爲之以居酒瓮者也。史記司馬相如傳：「令文君當壚。」

△懷縣　漢置。故城在今河南武陟縣西南。

四時調玉燭

祥光長赫矣，佳號得溫其。

【注】

△溫其　猶溫然也。詩秦風小戎：「溫其如玉。」

【箋】

△韻語陽秋：「省題詩自成一家，非他詩比也。首韻拘於見題則易於牽合，中聯縛於法律則易於駢對，非若游戲於烟雲月露之形可以縱橫在我者也。王昌齡、錢起、孟浩然、李商隱輩皆有詩名，至於作省題詩則疎矣。王昌齡四時調玉燭詩云：『祥光長赫矣，佳號得溫其。』……此等句與兒童無異，以此知省題詩自成一家也。」

句

朝薦抱良策，獨倚江城樓（述情詩式）。昨從金陵邑，遠謫沅溪濱（沅志）。娟魄已三孕（以下海錄碎事）。駕幸溫泉日，嚴霜子月初。長亭酒未醒，千里風動地（以下河嶽英靈集）。蒼荻寒滄江，石頭岸邊飲。

天仗森森練雪凝，身騎鐵驄自臂鷹。青桂花未吐，江中獨鳴琴（文鏡秘府論）。

【校】

△千里風動地（以下河嶽英靈集）　詩紀同無注。

△凝　詩紀作擬。

△身騎鐵驄自臂膺　詩紀作身騎駿馬白膺臂。

【注】

△娟魄已三孕　娟魄，月之別名。海錄碎事天月：「娟魄已三孕，言三次月生也。」

△子月　謂陰曆十一月也。

△天仗　天子之儀仗。

△森森　盛貌。

△練雪　白雪也。

△臂鷹　佐獵之鷹。

集評

△文鏡祕府論：「論體勢等。……十七勢。或曰：詩有學古今勢一十七種，具例如後。第一直把入作勢，第二都商量入作勢，第三直樹一句（第二句入作勢），第四直樹兩句，第五直樹三句（第五句入作勢），第六比興入作勢，第七譴比勢，第八下句拂上句勢，第九感興勢，第十含思落句勢，第十一相分明勢，第十二一句中分勢，第十三一句直比勢，第十四生殺迴薄勢，第十五理入景勢，第十六景入理勢第十七心期落句勢。第一直把入作勢：直把入作勢者，若賦得一物，或自登山臨水有閑情作，或送別，但以題目爲定，依所題目入頭便直把是也。皆有此例。昌齡寄驩洲詩云：『入頭便云與君遠，相知不道雲海深。』又見譴至伊水詩云：『得罪由己招，本性易然諾。』又題上人房詩云：『通經彼上人，无迹任勤苦。』又送別諸詩云：『春江愁送君，蕙草生氤氳。』又送別詩云：『河口餞南客，進帆清江水。』……。第二都商量入作勢：都商量入作勢者，每詠一物，或賦贈答寄人，皆以入頭兩句平商量其道理，第三第四第五句入作是，皆有其例。昌齡上同州使君伯詩言：『大賢奈孤立，有時起絲綸；伯父自天稟，元功載生人（是第三句入作）。』又上侍御士兄詩云：『天人俟明

略，益稷分堯心；利器必先舉，非賢安可任；吾兀執嚴憲，時佐能鈎深此是第五句入作勢也。』第三直樹一句第二句入作勢：直樹一句者，題目外直樹一句景物當時者，第二句始言題目意是也。昌齡登城懷古詩入頭便云：『陵藪寒蒼葩，登城遂懷古。』又客舍秋霖呈席姨夫詩云：『黃葉亂秋雨，空齋愁暮心。』又：『孤烟曳長林，春水聊一望。』又送鄔賁覲省江東詩云：『楓橋延海岸，客帆歸富春。』又宴南亭詩云：『寒江映村林，亭上納高潔此是直樹一句第二句入作勢。第四直樹兩句第三句入作勢：直樹兩句第三句入作勢者，亦題目外直樹兩句景物，第三句始入作題目意是也。昌齡留別詩云：『乘林映陂水，雨過宛域西；留醉楚山別，陰雲暮霎霎此是第三句入作勢也。第五直樹三句第四句入作勢：直樹三句第四句入作勢者，亦有題目外直樹三句，然后卽入其意；亦有第四第五句直樹景物，後入其意，然恐爛不佳也。昌齡代扶風主人答云：『煞氣凝下流，風悲日彩寒；浮埃起四遠，遊子於不歡此是第四句入作勢。』又旅次盩厔過韓士別業詩云：『春烟桑柘林，落日隱荒墅；泱漭平原夕，清吟久延佇；故人家於玆，招我漁樵所此是第五句入作勢。』第六比興入作勢：比興入作勢者，遇物如本立文之意，便直樹兩三句物，然後以本意入作比興是也。昌齡贈李侍御詩云：『青冥孤雲去，終當暮歸山；志士杖苦節，何時見龍顏。』又云：『眇默客子魂，倏鑠川上暉；還雲慘知暮，九日仍未歸。』又：『遷客又相送，風悲蟬更號。』……。第七謎比勢：謎比勢者，言今詞人不悟有作者意依古勢，有例。昌齡送李邕之秦詩云：『別怨秦楚深，江中秋雲起言別怨與秦楚之深遠也，別怨起自楚地即別之後恐長不見，或偶然而會。宜以此不定如雲起，上騰於青冥，從風飄蕩，不可復歸。其起處，或偶然而販介；天長夢無隔，月映在寒水雖天長其夢不隔，夜中夢見，疑由相會有如別，忽覺乃各一方，了不相見。如月影在水，至曙，水月亦了不見矣。。第八下句拂上句勢：下句拂上句者，上句說意不快，以下句勢拂之令意通。……昌齡云：『微雨隨雲收，濛濛傍山去。』又云：『海鶴時獨飛，永然滄洲意。』第九感興勢……。第十含思落句勢：句思落句勢者，每至落句，常須含思。不得令語盡思窮，或深意堪愁不可具說。即上句爲意語，下句以一景物堪愁與深意相愜便道，仍須意出成感人始好。昌齡送別詩云：『醉後不能語，鄉山兩雰雰。』又落句云：『日夕辨靈藥，空山松桂香。』又：『墟落有懷縣，長烟溪樹邊。』……。第十五理入景勢：理入景勢者，詩不可一向把理，皆須入景，語始清味。理欲入景勢，皆須引理語入一地及居處所在便論之。其景與理不相愜，理通無味。昌齡詩云：『時與醉林壑，因之墮農桑；槐烟漸含夜，樓月深蒼茫。』第十六景入理勢：景入理勢者，詩一向言意則不清及無味，一向言景亦無味事，須景與意相兼始好。凡景語入理語，皆須相愜，當收意緊。不可正言景語勢，收之便論理語，無相管攝，方今人皆不作意，愼之。昌齡詩云：『桑葉下墟落，鶡雞鳴渚田；物情每遽衰極，吾道方淵然。』第十七心期落句勢：心期落句勢者，心有所期是也。昌齡詩云：『青桂花未吐，江中獨鳴琴（言青桂花吐上時期得相見，花旣未吐，即未相見，所以江中獨鳴琴）。』又詩云：『還舟望炎海，楚葉下秋水（言至秋方始還，此送友人之安南）。』」

△集異記：「開元中，詩人王昌齡、高適、王渙之齊名。時風塵未偶而遊處略同。一日，天寒未雪，三詩人共詣旗亭，貰酒小飲，忽有梨園伶官十數人登樓會讌。三詩人因避席隈映，擁爐以觀焉。俄有妙妓四輩尋續而至，奢華艷曳，都冶頗極。旋則奏樂，皆當時之名部也。昌齡等私相約

曰：『我輩各擅詩名，每不自定其甲乙。今者可以密觀諸伶所謳，若詩入歌詞之多者則為優矣。』俄而一伶拊節而唱，乃曰；『寒雨連江夜入吳，平明送客楚山孤；洛陽親友如相問，一片冰心在玉壺。』昌齡則引手畫壁曰：『一絕句。』尋又一伶謳之曰：『開篋淚霑臆，見君前日書；夜臺何寂寞，猶是子雲居。』適則引手畫壁曰：『一絕句。』尋又一伶謳之曰：『奉帚平明金殿開，強將團扇共徘徊；玉顏不及寒鴉色，猶帶昭陽日影來。』昌齡則又引手畫壁曰：『二絕句。』渙之自以得名已久，因謂諸人曰：『此輩皆潦倒樂官，所唱皆巴人下俚之詞耳，豈陽春白雪之曲，俗物敢近哉？』因指諸妓之中最佳者曰：『待此子所唱，如非我詩，吾卽終身不敢與子爭衡矣。脫是吾詩，子等當須列拜床下，奉吾為師。』因歡笑而俟之。須臾，次至雙鬟，發聲則曰：『黃沙遠上白雲間，一片孤城萬仞山；羌笛何須怨楊柳，春風不度玉門關。』渙之卽揶歈二子曰：『田舍郎，我豈妄哉！』因大諧笑。諸伶不喻其故，皆起詣曰：『不知諸郎君何此歡噱？昌齡等因話其事，諸伶競拜曰：『俗眼不識神仙，乞降清重，俯就筵席。』三子從之，飲醉竟日。」（按中國詩史引全唐詩卷九引作王之渙。）

△雲溪友議：「或謂章仇大夫兼瓊，為陳拾遺雪獄（陳晃字子昂），高適侍御與王江寧昌齡申冤，當時用為義士也。」（按並見歷代小史載唐語林引宿慧）

△風騷旨格：「元祐中省試舜不窮其民論，劉棠召美首選。其警句云：桀紂以淫虐窮，……。東坡見之，大加嘆賞。以其不類時文，因以劉窮呼之。然予以劉召美此意本孫樵耳，孫樵與賈秀才書

云：揚雄以法言太玄窮，元結以浯溪碣窮，陳拾遺以感遇詩窮，王勃以宣尼廟碑窮，玉川子以月蝕詩窮，杜甫李白王江寧，皆相望于窮者也。」

△碧雞漫志：「……舊說開元中詩人王昌齡、高適、王渙之詣旗亭飲，梨園伶官亦招妓聚燕。三人私約曰：我輩擅詩名，未第甲乙，試觀諸伶謳詩分優劣。一伶唱昌齡二絕句，一伶唱適絕句。渙之曰：佳妓所唱，如非我詩，終身不敢與子爭衡，不然子等列拜牀下。須臾，妓唱渙之詩。渙之揶揄三子曰：田舍奴，我豈妄哉。以此知唐伶妓當時名士詩句入歌曲，蓋常事也。……」

△後村詩話：「王昌齡五言云：北登漢家陵，南望長安道；上有朽樹根，下有碩鼠巢；高皇子孫盡，千載無人過；寶玉頻發掘，精靈其奈何。又長信愁云：邊頭何慘慘，已葬霍將軍；部曲皆相弔，燕南代北聞；功勳多被黜，兵馬亦紛更；分遣黃頭戍，唯當哭塞雲。朝來曲云：月昃鳴珂□，花連繡戶春；盤龍玉臺鏡，惟待畫眉人。代扶風主人答云：去時三十萬，獨自還長安；不信沙場苦，君看刀箭瘢。雜興云：握中鋼匕首，粉剉楚山鐵；義士頻報讐，殺人不曾缺。答武陵田太守云：仗劍行千里，微軀敢一言；曾爲大梁客，不負信陵恩。越女云：摘取芙蓉花，莫摘芙蓉葉；將歸問夫壻，顏色何如妾。青樓七言云：白馬金鞍從武皇，旌旗十萬宿長楊；樓頭少婦鳴箏坐，遙見飛塵入建章。出塞云：秦時明月漢時關，萬里長征人未還；但使龍城飛將在，不教胡馬度陰山。采蓮曲云：吳姬越豔楚王妃，曾弄蓮花水濕衣；來時渡口花迎入，采罷江頭月送歸。浣紗女云：錢塘江畔是誰家，江上女兒全勝花；吳王在時人不出，今日公然來浣紗。昌齡江寧人，

舉進士宏詞，爲汜水尉，以不矜細行貶。世亂歸鄉，爲刺史閭丘曉所殺。曉不知爲誰，與黃祖殺禰衡，段簡殺陳子昂事相類。史稱其詩句密而思淸，唐人琉璃堂圖以昌齡爲詩天子，其尊之如此。集存者三卷，絕句高妙者已入詩選。」又：「進士章弘智詩：君爲河畔草，逢春心□生；妾如臺上鏡，得照始分明。同房常定宗改始字爲轉字，遂爭此詩，皆云我作。博士羅道琮判云：昔五字定表以理切稱奇，今一言競詩取詞多爲主。詩始歸宏智，轉還定宗。張苟兒愛偸文章，時爲之語曰：『活剝王昌齡，生吞郭正一。』」

△全唐詩話：「李肇國史補云：開元後位卑而名著李北海邕、王江寧昌齡、李館陶……。」（按並見唐詩紀事及歷代小史載唐語林）又：「昌齡字少伯，江寧人。中第補校書郎，又中博學宏詞科，遷汜水尉。不護細行，世亂還鄉里，爲刺史閭邱曉所殺。其詩縝密而思淸，時謂王江寧。」

△韻語陽秋：「觀王昌齡詩，仕進之心，可謂切矣。贈□六云：雲龍未相感，干謁亦已屢。從軍行云：雖投定遠筆，未坐將軍樹。至於沙苑渡之作，乃有孤舟未得濟，入夢在何年之句。是以傅說自期也，一何愚哉。按史昌齡爲汜水尉，以不護細行，謫龍標尉，傅說所爲顧如是乎？昌齡未第時，岑參贈之詩曰：潛虬且深蟠，黃雀舉未晚。既登第而謫官也，參又贈之詩曰：王兄尙謫官，屢見秋雲生；黃雀垂兩翅，徘徊但悲鳴。後昌齡以世亂還鄉，爲閭邱曉所殺；則所謂黃鶴者，竟不能高舉矣。」

△唐詩紀事：「商璠云：元嘉已還，四百年內，曹劉陸謝，風骨頓盡，今昌齡克嗣其跡。又云：予

常覩昌齡齋心詩，吊軹道賦，謂其人孤潔恬澹，與物無傷。晚節謗議沸騰，言行相背。及淪落竄謫，竟未減才名，固知善毀者不能掩西施之美也。」

△詩人玉屑：「詩體上……曰謠。沈炯有獨酌謠，王昌齡有箜篌謠，穆天子傳有白雲謠也。」

△吳禮部詩話：「時天彝詩，其書唐百家詩選後諸評，深知唐人諸法者也。悉錄于後，……王昌齡尤所寶玩。」

△詩鏡總論：「書有利澁，詩有難易。難之奇，有曲澗層巒之致。易之妙，有舒雲流水之情。王昌齡絕句，難中之難。李青蓮歌行，易中之易。難而苦爲長吉，易而脫爲樂天，則無取焉。總之人力不與，天致自成。難易兩言，都可相忘耳。」又：「專尋好意，不理聲格，此中晚唐絕句所以命也。詩不待意，卽景自成。意不待尋，興情卽是。王昌齡多意而多用之，李太白寡意而寡用之。昌齡得之椎鍊，太白出於自然，然而昌齡之意象深矣。」

△全唐詩說：「絕句李益爲勝，韓翃次之，權德輿、武元衡、馬戴、劉滄五言皆鐵中錚錚者。猿啼洞庭樹，人在木蘭舟。眞不減柳吳興廻樂峰一章，何必王龍標李供奉。」又：「李于鱗評詩，少見筆札。獨選唐詩序云：『……余謂七言絕句，王江陵與太白爭勝毫釐，俱是神品而于鱗不及之。……』」

△李攀龍唐詩選序：「至如五七言絕句，實唐三百年一人。蓋以不用意得之，卽太白亦不自知其所至而工者顧失焉。」

△袁翼云：「少伯詩爲中興名家，與儲光羲相埒而少伯稍聲峻，多遠調。至如飛雨祠上來，靄然關中暮。東峯始含景，了了見松雪。興象融化有遺音矣。刻唐詩凡數家，而此尤可喜云。」

△唐詩品彙：「殷云：元嘉以還，四百年內，曹劉陸謝，風骨頓盡。頃有太原王昌齡，魯國儲光羲頗從取跡。且兩賢氣同體別而王稍聲俊。至如明堂坐天子，月朔朝諸侯。清樂動千門，皇風被九州。慶云從東來，泱漭抱日流。又雲起大華峯，雲山相明滅。東峯始涵景，了了見松雪。又櫧枏無多春，柯葉連峯稍。陰壁下蒼黑，烟含清江樓。疊沙積爲岡，崩剝雨露幽。石脉盡橫亘，潛潭何時流。又京門望西岳，百里見郊樹。飛雨祠上來，靄然關中暮。又奸雄乃得志，遂使羣心搖。赤風蕩中原，烈火無遁巢。一人計不用，萬望空蕭條。又百泉勢相蕩，巨石皆卻立。昏爲蛟龍怒，清見雷雨入。又去時三十萬，獨自還長安。不信沙場苦，君看刀箭瘢。又蒼萩寒滄江，石頭岸邊飲。又長安酒未酣，千里風動地。天仗森森練雪凝，身騎鐵驄自鷹臂。斯並驚耳駭目，今略舉其十數句，則中興高作可知矣。余嘗覩王公長平伏冤文，弔枳道賦，仁有餘也。奈何晚節不矜細行，謗議沸騰，再歷遐荒，使知音嘆息。唐史稱其詩緒密而思清，時謂王江寧云。蓋昌齡嘗出官江寧，故岑參亦有送王大昌齡赴江寧詩。昌齡又有別意猿鳥外，天寒桂水長等句，見僧皎然杼山詩式。」

△藝苑卮言：「唐時伶官伎女所歌，多採名人五七言絕句，亦有自長篇摘者。如開篋淚沾臆，見君前日書；夜臺猶寂寞，疑是子雲居之類是也。王昌齡、王渙之、高適微服酒樓，諸名伎歌者咸是

其詩，因而歡飲竟日。……嗚呼！彼伶工女子者，今安在乎哉？」又：「左太沖、謝靈運、邢子才篇賦一出，能令紙貴。王元長、徐孝穆、蘇道衡朝所吟諷，多傳遐方。雞林購白學士什，至値百全。蜀𤇢獲梅都官詩，繡之法錦。而子雲寂寞玄亭，元亮徘徊東籬，子美躑躅浣花，昌齡零落窮障，寄食人手，共衣酒家。工部云：名豈文章著。悲哉乎其自解也，令數百歲後有人，無所復虞。第作者不賞，賞者不作，以此恨恨耳。」又：「雲溪友議稱章仇劍南爲陳拾遺雪獄，高適侍御爲王江寧申寃。此事殊快人，足立藝林一幟，但不見正史及他書耳。」又：「曩與同人戲爲文章九命，……五、流貶。……貶竄則……王昌齡……窮則窮矣，然山川之勝與精神有相發者。……八、無終。……王昌齡……以寃。」（按末句同唐音癸籤）

△唐詩歸鍾惺云：「人知王孟出於陶，不知細讀儲光羲及王昌齡詩深厚處，益見陶詩淵源脉絡。善學陶者寧從二公入，莫從王孟入。」又云：「儲與王以厚掩其清，然所不足者非清。常建以清掩其厚，然所不足者非厚。」

△陳銳曰：「王龍標詩，務爲清超，少沈苦，其源蓋出於江文通。至所爲七古，壹以雄直之氣改初唐輕豔之風，與東川並爲時傑。」

△沈騏詩體明辨序云：「王昌齡高適之閑遠，常建岑參李頎之秀拔，咸殊絕倫。」

△妮古錄云：「蘇李十九首得詩人之骨，阮籍謝靈運得詩人之髓，曹子建鮑明遠得詩人之藻，陶淵明得詩人之質，李杜得詩人之材，王孟得詩人之致，高岑得詩人之氣，劉長卿王昌齡得詩人之

聲。」

△夷門廣牘載騷壇秘語：體第十五、詩、王昌齡：「皆齊餘韻風氣與時高下者也。」又絕句體：「王維、裴廸、賀知章、李白、杜甫、岑參、高適、王昌齡、劉長卿、張祜、韋應物、孟浩然。右諸家意絕語不絕。」

△雪濤小書：「……李長吉賦才奇絕，搆思刻苦。觀其用字用句，眞是嘔出心肝。盧玉川任才任性，任筆任意。兼太白之逸，併長吉之怪，爲一人者也。詩家如李長吉，不可有二。如盧玉川，不能有二。若王昌齡、劉隨州、柳柳州、元劉、錢郎諸君子，都做得穩當，各自成家，所以不朽。」

△恬致堂詩話：「……曾子固霧淞詩云：「園林初日淨無風，霧淞花開樹樹同；記得集英深殿裏，舞人齊插玉鬖髿。婉麗暢逸，王昌齡不是過而謂曾不能詩何耶。」

△唐音癸籤殷璠曰：「王昌齊詩饒有風骨，與儲光羲氣同體別，而王稍聲俊，多驚耳駭目之句。」又徐獻忠曰：「少伯天才流麗，音唱疏越。七言絕句，幾與太白比肩。當時樂府采錄，無出其右。」

△唐音癸籤胡元瑞曰：「唐初承襲梁隋，陳子昂獨開古雅之流，張子壽首創淸澹之派。盛唐繼起，孟浩然、王維、儲光羲、常建、韋應物，本曲江之淸澹，而益以風神者也。高適、岑參、王昌齡、李頎、孟雲卿，本子昂之古雅而加以氣骨者也。」

△唐音癸籤楊升菴曰：「唐人之詩，樂府本效古體，而意反近；絕句本自近體，而意實遠。故求風雅之仿佛者，莫如絕句。唐人之所偏長獨至，而後人力追莫嗣者也。擅場則王江寧，驂乘則李彰明，偏美則劉中山，遺響則杜樊川。少陵雖號大家，不能兼善。以拘於對偶，且汩於典故，乏性情耳。」又王弇州曰：「七言絕句，王江寧與太白爭勝毫釐，俱是神品。」又胡元瑞曰：「太白諸絕句，信口而成，所謂無意於工而無不工者。少伯後厚有餘，優柔不迫，怨而不怒，麗而不淫。余嘗謂古詩、樂府後，惟太白諸絕近之。國風、離騷後，惟少伯諸絕近之。體若相懸，調可默會。」又遯叟曰：「王少伯七絕宮詞閨怨，儘多詣極之作。若邊詞秦時明月一絕，發端句雖奇，而後勁尙屬中駟。于鱗遽取壓卷，尙須商搉。」又胡元瑞曰：「七言絕，開元之下，便當以李益爲第一。如從軍諸篇，皆可與太白、龍標競爽，非中唐所得有也。又張仲素秋閨曲：『夢裏分明見關塞，不知何處向金微。』；『欲寄征人問消息，居延城外又移軍。』皆去龍標不甚遠。」又秇圃擷餘：「……絕句之源，出於樂府，貴有風人之致，其聲可歌，其趣在有意無意之間，使人莫可捉著。盛唐惟青蓮、龍標二家詣極，李更自然，故居王上。晚唐快心露骨，便非本色。議論高處，逗宋詩之徑；聲調卑處，開大石之門。」

△唐音癸籤談叢四：國史補云：「開元以後，位卑而名著者：李北海邕、王江寧昌齡、李館陶、鄭廣文虔、元魯山德秀、蕭功曹穎士、張長史旭、獨孤常州及、崔比部、梁補闕肅、韋蘇州應物。右載唐詩紀事。」又明皇雜錄云：「天寶末，劉希夷、王冷然、王昌齡、祖詠、張若虛、張子容、孟浩然、

常建、李白、劉昚虛、崔曙、杜甫，雖有文章盛名，皆流落不偶。」又：「王弇州嘗爲文章九命之說，備載古今文人窮者。今摘唐詩人，稍加訂定錄後：『……四、偃蹇。四傑、李杜、孟浩然、薛令之、蕭穎士、沈千運、王昌齡（詩名滿世棲遲一尉）、賈島、溫飛卿、孟郊、公乘億、溫憲、劉得仁、潘賁之徒。五、流貶。……貶削則杜審言……李華、王昌齡、劉長卿……。八、無終。……陳子昂、王昌齡、李邕……以寃。」

△許學夷曰：「王昌齡五言古時入古體，而風格亦高，然未盡稱善。平韻者間雜律體，仄韻者亦多忌鶴膝，七言絕多入于聖矣。」

△圍爐詩話：「王昌齡五古，或幽秀，或豪邁，或慘惻，或曠達，或剛正，或飄逸，不可物色。……常建五古可比王龍標。……。」又：「王龍標七絕，如八股之王濟之也。起承轉合之法，自此而定，是爲唐體，後人無不宗之。」又：「……求雅於杜詩，不可勝舉。而如王昌齡之明堂坐天子，月朔朝諸侯；清樂動千門，皇風被九州。韋應物之身多疾病思田里，邑有流亡愧俸錢，皆二雅之遺也。風與騷，則全唐之所自出，不可勝舉。忽見陌頭楊柳色，悔敎夫壻覓封侯，興也。夕陽無限好，只是近黃昏，比也。海日生殘夜，江春入舊年，賦也。朱子盡去舊序，但據經文以爲注，使三百篇盡出於賦乃可，安得據比興之辭以求遠古之事乎？宋人不知比興，小則爲害于唐體，大則爲害于三百。」

△漫堂說詩：「詩至唐人七言絕句，盡善盡美。自帝王公卿，名流方外，以至婦人女子，佳作纍

槩。取而諷之，往往令人情移，廻環含咀，不能自已，此眞風雅之遺響也。洪容齋萬首唐人絕句編輯最廣，足資吟咏。大抵各體有初盛中晚之別，而三唐七絕，竝堪不朽。太白龍標，絕倫逸羣，龍標更有詩天子之號。楊升庵云：龍標絕句無一篇不佳，良然。少陵別是一體，殊不易學。宋元以後，頗有名篇，較之唐人，總隔一塵在。」

△貞一齋詩說：「七絕乃唐人樂章，工者最多。朱竹垞云：七絕至境，須要詩中有魂。入神二字，未足形容其妙。李白王昌齡後，當以劉夢得爲最。緣落筆朦朧縹緲，其來無端，其去無際故也。」

△石洲詩話：「龍標精深可敵李東川而秀色乃更掩出其上，若以有明宏正之間徐廸功尚與李何鼎峙，則有唐開寶諸公，太白少陵之外，舍斯人其誰與歸。」又：司空表聖之論曰：「傑出於江寧，宏肆於李杜，信古人不我欺也。」又：「盛唐諸公之妙，自在氣體醇厚，興象超遠。然但講格調，則必以臨摹字句爲主，無惑乎一爲李何，再爲王李矣。愚意拈出龍標東川，正不在乎格調耳。」又：「小杜之才，自王右丞以後，未見其比。其筆力廻斡處，亦與王龍標李東川相視而笑。少陵無人謫仙死，竟不意又見此人。」又：「伯生七古，高妙深渾所不待言；至其五古，於含蓄中吐藻韻，乃王龍標杜牧之以後所未見也。」又：「王子宣宮詞云：南風吹斷采蓮歌，夜雨新添太液波；水殿雲廊三十六，不知何處月明多。王龍標杜樊川之流亞也。……」又：「……近日王漁洋標舉神韻，於古作家實有會心。然詩至於杜則微之系說尚不滿於遺山，後人更何從而措

語乎？況漁洋於三唐，雖通徹妙悟而精詣實專在右丞龍標間。若於杜，則尚未敢以瓣香妄擬也。……。」

△雨村詩話：「詩三百篇有正有變，後人學焉而各得其性之所近。楚騷之幽怨，少陵之憂愁，太白之飄艷，昌谷、玉川之奇詭，東野、閬仙之寒儉，從乎變者也。陶靖節以下，至于王昌齡、王維、孟浩然、高適、岑參、韋應物、儲光羲、錢起輩，俱發言和易，近乎正者也。白居易以和易享遐齡，長吉以瑰詭而致夭折。記曰：和故百物不失，多寒故景短，夏酷烈而秋悲，春日遲遲，信可樂也。知此可與言詩矣。」

△昭昧詹言：「唐書稱王昌齡詩緒密而思清，此誠勝境，然此只可對粗才爲說；若漢魏文法高妙，詎止此耶。」

△唐詩別裁：「七言絕句貴言微旨遠，語淺情深。如清廟之瑟，一唱而三歎有餘音者矣。開元之時，龍標供奉，允稱神品。……」

△峴傭說詩：「孟浩然、王昌齡、常建，五言淸逸，風格均與摩詰相近而篇幅較窘。學問爲之，才力爲之也。」

△原詩：「七言絕句，古今推李白王昌齡，李俊爽，王含蓄。兩人辭調意俱不同，各有至處。……宋人七絕，種族各別。然出奇入幽，不可端倪處，竟有軼駕唐人者。若必曰唐、曰供奉、曰龍標以律之，則失之矣。」

△師友詩傳錄：「五言之興，源於漢，注於魏，汪洋乎兩晉，混濁乎梁陳，風斯下矣。唐興而文運丕振。……開元天寶間則有李翰林之飄逸，杜工部之沈鬱，孟襄陽之淸雅，王右丞之精微，儲光羲之眞率，王昌齡之聲俊，高適岑參之悲壯，李頎常建之超凡。……其詞皆名家擅場，馳騁當世，詩人冠冕，海內文宗，安得謂唐無古詩？」又：「漢魏樂府高古渾奧，不可擬議。唐人樂府不一，……至於唐人王昌齡、王之渙，下逮張祜諸絕句，楊柳枝水調，伊州石州等辭，皆可歌也。」

△洪亮吉北江詩話：「唐詩人去古未遠，尚多比興。如玉顏不及寒鴉色，雲想衣裳花想容，一片冰心在玉壺，及玉溪生錦瑟一篇，皆比體也。如秋風江上草，黃河水直人心曲，孤雲與歸鳥，千里片時間，以及李杜元白諸大家，最多興體。降及宋元，直陳其事者，十居其八九，而比興體微矣。」

△善本書室藏書志：「昌齡字少伯，太原人。開元十五年進士，授汜水尉，又中宏辭科，遷校書郎。以不護細行，貶龍標尉。兵火之際，旋歸鄉里，爲刺史閭邱曉所忌被殺。直齋書錄解題載王江甯集一卷，蓋又嘗令江甯也。昭德郡齋讀書志作江甯人，詩六卷。此上中下三卷，後有正德己卯鄉進士句吳袁翼題云……而此尤可喜云，有彭城伯子空翠閣藏書二印。」

△交翠軒筆記：「舊唐書文苑傳開元天寶間文士知名者，汴州崔顥，京兆王昌齡、高適，襄陽孟浩然，皆名位不振，惟高適官達。新唐書文藝傳以王昌齡爲江寧人，云昌齡工詩，緒密而思淸，時

謂王江寧云。案唐國史補云：開元日位卑而著名者，李北海、王江寧、李館陶、元魯山云云。是江寧乃王少伯歷官之所，非其鄉里。新書但云不護細行，貶龍標尉。舊書則云屢見貶斥。岑參有送王大昌齡赴江寧詩云：『澤國從一官，滄波幾千里。』又龍標集亦有留別岑參兄弟詩云：『江城建業樓，山盡滄海頭；副職守玆縣，東南棹孤舟。』是又曾爲江寧尉也。階州邦侌山太守澍據王詩本集以爲故園之思，皆在藍田灞陵間，而于作尉之所無惓惓桑梓之意，以證新書之誤，其說甚辨，然不若李肇之言尤爲顯而可據。唐詩紀事載顧雲杜荀鶴詩集序，以王江寧與戴容州、劉隨州並稱，知爲官所非鄉里。」

△樂府文學史：「王昌齡，登進士第，補秘書省校書郎。又以博學宏詞登科，再遷汜水縣尉。舊唐書一百九十下言：『不護細行，屢見斥，卒。』唐詩紀事二十四亦言：『不護細行，還鄉里，爲刺史閭丘曉所殺。』史稱其作品『緒微而思淸』。其自序言：『卷舒形性表，脫略賢哲議。』又曰：『知我滄溟心，脫略腐儒輩。』知昌齡亦一意孤往，我行我是之詩人。今選其樂府詞數首：如從箜篌引。『盧溪郡南夜泊舟，……。』昌齡樂府詞，長歌尙非所長，所長者似爲絕句短歌。如從軍行（七首錄三）『烽火城西……。』『琵琶起舞……。』『青海長雲……。』如出塞（二首錄一）『秦時明月……。』其短歌不止歌詠邊荒歸思，亦有歌詠風情月色者。如採蓮曲二首：『吳姬越豔……。』『荷葉羅裙……。』如閨怨：『閨中少婦……。』他如殿前曲二首，春宮曲一首，西宮春怨一首，西宮秋怨一首，長信宮詞五首，青樓曲二首，青樓怨一首，浣紗女一首，…

…皆綺麗纖妙之歌，所謂『緒微而思淸』者，殆指此歟？」

△歷代五言詩評選：「傑出於江寧，宏肆於李杜，司空表聖之言也。緒密思淸，秀色更掩出東川之上。官江寧丞，調龍標尉，王之渙與之齊名，則特以絕句論耳。」

主要參考書目

昭明文選	藝文印書館
舊唐書	藝文印書館
風騷旨格	藝文印書館
文鏡秘府論	蘭臺書局
雲溪友議	世界書局
博異志	世界書局
集異記	世界書局
晉書	唐房玄齡等撰
唐人選唐詩	中研院藏玻璃版唐寫本
唐文粹	中研院藏宋刻善本
唐文粹	明姑蘇徐焴刋本
國秀集	明汪宗尼校刋本
國秀集	明覆刋宋書棚本
國秀集	四部叢刋縮印明刋本
河嶽英靈集	四部叢刋縮印翻宋本
才調集	明萬曆沈春澤刋本
才調集	四部叢刋縮印影宋本
唐詩紀事	宋計敏夫撰明嘉靖刻本
新唐書	藝文印書館
全唐詩話	藝文印書館
滄浪詩話	藝文印書館
韻語陽秋	藝文印書館
對牀夜語	藝文印書館
優古堂詩話	藝文印書館
文苑英華	華聯出版社
唐會要	世界書局
紀批瀛奎律髓	佩文書社

詩人玉屑　佩文書社　唐詩歸　明君山堂藏本
容齋五筆　宋洪邁撰　李于鱗唐詩選　日本弘化二年若山書肆
容齋詩話　廣文書局　青霞堂本
後村詩話　廣文書局　石倉十二代詩選　明曹學佺編明刊本
碧雞漫志　廣文書局　彙編唐詩　唐汝詢補訂明天啓間刊本
竹莊詩話　商務印書館
唐語林　商務印書館
太平御覽　商務印書館　刪定唐詩解　清康雍間陳威和刊本
校正唐才子傳　廣文書局　詩家全體　明萬曆李氏邵武刊本
吳禮部詩話　藝文印書館　唐詩談叢　明胡震亨著
王昌齡詩集三卷一册　明正德己卯十四年勾吳
袁翼刊本　商務印書館印行
王昌齡集二卷　明黃貫曾編嘉靖浮玉山房刊本　唐詩紀　明萬曆乙酉吳氏校刊本
王昌齡詩集三卷　明朱警重編嘉靖間刊本
唐詩品彙　明高棅編集山陽牛斗校　唐音癸籤　世界書局
刻本　秋圃擷餘　藝文印書館
唐詩類苑　明張之象輯、毛晉補訂　升菴詩話　藝文印書館

詩話類編　明王昌會編
刪補唐詩選脈箋釋會通評林　明周珽撰
唐詩選脈會通　明周珽撰
四溟詩話　藝文印書館
歸田詩話　藝文印書館
詩鏡總論　藝文印書館
指月錄　眞善美出版社
恬致堂詩話　廣文書局
雪濤小書　廣文書局
全唐詩說　廣文書局
紀錄彙編　商務印書館
夷門廣牘　商務印書館
歷代小史　商務印書館
古今逸史　商務印書館
唐賢三昧集箋註　清王阮亭選黃香石評、吳退庵胡甘亭輯註
唐宋詩本　清乾隆戴第元簣圃簒輯
唐詩選　清王闓運撰宣統三年刊本
古詩箋　清聞人倓箋
唐賢三昧集　清王士禎撰
唐詩別裁　清沈德潛編
商務印書館
全唐詩　新興書局
淵鑑類函　新興書局
全唐文紀事　世界書局
歷代詩話　世界書局
昭昧詹言　廣文書局
聲調譜　廣文書局
雨村詩話　廣文書局
石洲詩話　廣文書局
北江詩話　廣文書局
柳亭詩話　廣文書局

隨園詩話　廣文書局
唐人萬首絕句選　廣文書局
原詩　藝文印書館
說詩晬語　藝文印書館
圍爐詩話　藝文印書館
貞一齋詩說　藝文印書館
漢皋詩話　藝文印書館
師友詩傳錄、續錄　藝文印書館
峴傭說詩　藝文印書館
袖珍唐詩三百首註疏　興國圖書公司
交翠軒筆記　大華印書館
聖歎選批唐才子詩　正中書局
善本書室藏書志　光緒辛丑錢塘丁丙松生甫輯
榆溪詩話　徐世溥著
據豫章叢書本影印
唐詩三百首詩話薈編　中華文化出版事業委員會

唐詩三百首詳析　中華書局
古唐詩合解　文化圖書公司
中國文學史論集　中華大典編印會
歷代五言詩評選　世界書局
中國詩史　明倫出版社
王維研究　香港萬有圖書公司
樂府文學史　文史哲出版社
岑參研究　商務印書館
隋唐文學批評史　商務印書館
孟浩然詩說　商務印書館
唐詩研究　商務印書館
唐詩概論　商務印書館
唐詩絕句選釋　周敬瑜
唐宋名家詩新選　姜尙賢
唐詩集解　正中書局
唐詩宋詞選　正中書局
唐宋詩舉要　廣文書局